公元787年，唐封疆大吏马总集诸子精华，编著成《意林》一书6卷，流传至今
意林：始于公元787年，距今1200余年

生 | 活 | 由 | 此 | 简 | 单

意林编辑部 编

小社交之

不相累处

XIANGCHU BU LEI

我们的社交时代

吉林摄影出版社
·长春·

## 图书在版编目（CIP）数据

相处不累/意林编辑部编.－－长春：吉林摄影出版社，2018.12
（小社交）
ISBN 978-7-5498-3826-4

Ⅰ.①相… Ⅱ.①意… Ⅲ.①心理交往－通俗读物 Ⅳ.①C912.11-49

中国版本图书馆CIP数据核字(2018)第235295号

相处不累
XIANGCHU BU LEI

| 项目出品 | 意林松果阅读 |
|---|---|
| 出 版 人 | 孙洪军 |
| 主　　编 | 顾　平　杜普洲 |
| 责任编辑 | 施　岚　胡晓路 |
| 总 策 划 | 蔡　燕 |
| 丛书统筹 | 邓志娟 |
| 策划编辑 | 邓志娟　王　爽 |
| 执行编辑 | 王　爽 |
| 设计总监 | 资　源 |
| 封面设计 | 资　源 |
| 美术编辑 | 孔凡雷　李雪菲 |
| 发行总监 | 王俊杰 |
| 开　　本 | 880mm×1230mm 1/32 |
| 字　　数 | 200千字 |
| 印　　张 | 8 |
| 版　　次 | 2018年12月第1版 |
| 印　　次 | 2018年12月第1次印刷 |

| 出　　版 | 吉林摄影出版社 |
|---|---|
| 发　　行 | 吉林摄影出版社 |
| 地　　址 | 长春市泰来街1825号 |
| | 邮　编　130062 |
| 电　　话 | 总编办　0431-86012616 |
| | 发行科　0431-86012602 |
| 网　　址 | www.jlsycbs.net |
| 经　　销 | 全国各地新华书店 |
| 印　　刷 | 三河市宏图印务有限公司 |
| 书　　号 | ISBN 978-7-5498-3826-4　　定价：32.80元 |

## 版权所有　翻印必究

如发现印装质量问题，请与承印厂联系退换

## 相处不累
### CONTENTS 目录

- 002 你想做明星，小心变流星 六六
- 005 「呵呵」为何如此伤人 武志红
- 008 为什么你当得了白领，当不了老板 陈一言
- 010 蚂蚁、狗和人的鄙视链 卢丽梅
- 013 是什么让我们变得讨厌 北方
- 016 别再指望交情了 侯文咏
- 019 借钱就是买敌人 郭琳
- 022 饭局朋友为何靠不住 五羊
- 024 你努力合群，却只得了一张好人卡 Madman92
- 027 为何八面玲珑者最不得人心 罗兰
- 029 95后社交圈真相 夏川山
- 034 社交时代，我们都是敏感体质 蒋方舟

# 苦

- 038 圈子不同,不必强融 周宏翔
- 043 人对了,圈子就成了 王月冰
- 046 外貌协会,不只看外貌 王春雷
- 049 没事少发朋友圈 王路
- 052 恨世界的人正在无所事事 游识猷
- 055 沉迷双微,你收获的全是情绪 韩寒
- 058 抑郁带给我真正的自由 映真
- 061 笨是一种怎样的体验 戴帽子的鱼
- 064 如何治好这『看见别人好就不幸福』的病 南仁淑
- 067 心有猛虎,细嗅蔷薇 七微
- 072 你越出色,小城市就越不适合你 叶克飞

# 涩

- 076 要多有钱才能去旅行 骆仪
- 079 我们为什么鄙视内心年轻的人 孙未
- 082 自己不自信,才会对别人又骂又嫌 刘威麟
- 085 这是一个最好的时代,也是一个最好学的时代 佚名
- 088 你需要的是信仰,不是旅行 K_shot下午茶
- 091 你什么都没有,凭什么要求岁月静好 十年后
- 096 接受现实是解脱的开始 吴淡如
- 099 别丢了职业就没了一切 钟叔河
- 102 努力是唯一出路 郭敬明
- 105 如今我们还需要大学室友吗 [美]大卫·R.威勒
- 108 不要为了讨好男神而放弃你的小宇宙 投我木瓜

# 酸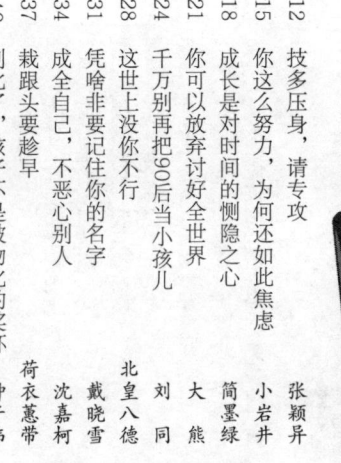

112 技多压身，请专攻 张颖异
115 你这么努力，为何还如此焦虑
118 成长是对时间的恻隐之心 小岩井
121 你可以放弃讨好全世界 简墨绿
124 千万别再把90后当小孩儿 大熊
128 这世上没你不行 刘同
131 凭啥非要记住你的名字 北皇八德
134 成全自己，不恶心别人 戴晓雪
137 栽跟头要趁早 沈嘉柯
140 别比了，孩子不是被物化的奖杯 荷衣蕙带
  钟子伟

144 要么本事够大，要么运气够好 马德
146 姑娘，有了方向努力才值钱 杨熹文
152 我为什么憎恶心灵鸡汤 万方中
155 你的傲娇一文不值 正儿
158 没有一件了不起的事情，是你自己
  一个人完成的 何炅
161 一直太成功，就不知道还可以
  得到什么「更好的」 刘威麟
164 你爱的是他还是幻想的他 苏芩
166 两个女孩的「功利爱」悲剧 尹文思
169 我爱着「男神」，可不惯着「男神」 马樱花
172 浓情蜜爱也会过劳死 吴淡如
174 你以为看到了爱情，说到底不过
  是命运 傅踢踢

# 暖

## 甜

- 178 粉丝进化史—从很淡的深情到很浓的狂热 葛怡然
- 182 爱情是对对方的高估 李银河
- 184 千万不要喜欢上你的男闺蜜 穆晓年
- 189 命运赠送的礼物,早已暗中标好了价
- 192 为什么你要和靠谱的人在一起 麦九
- 195 友情里的一厢情愿 风清扬
- 197 提到我妈,我只想呵呵 张小娴
- 202 在自拍中消失的人生 王语杉
- 205 你的「颜值」有多高 薛涌
- 208 整形改变不了命运,改变不了基因 齐贤
- 211 女孩,应该比任何人都先学会克制 六 六

## 辣

- 214 外国孩子没那么好「混」 应 琛
- 217 为何美国大学生热衷于「如何正确对待死亡课程」 Jiang Xueqin
- 219 你所不了解的美国名校 方 帆
- 222 你是否还在迷恋平庸生活? 佚 名
- 225 不是乔布斯,就别退学 孙骁骥
- 228 你该如何继承财富 田朴珺
- 230 富豪财产分配知多少
- 233 乔布斯的孩子玩iPad吗 [美]罗克珊·罗伯茨
- 236 收到宾大拒信后 [美]耐克·比尔顿
- 241 太多人赚钱精明花钱笨 李稻葵 SJ
- 244 生活不贵,欲望很贵 子沫

2018最新怼人技能,
了解一下?

# 你想做明星,小心变流星

◇六六

新闻惊见李云迪在韩国首尔音乐会上,奏着奏着断片儿了,跟不上指挥和乐团,不得不中断重弹。我以为自己眼睛花了。这次演奏,是他拿手的《肖邦第一协奏曲》,应该是他斩获大奖的曲子。

我刚才上网搜了一下,估计李云迪的公关团队发了通稿,你会看到头一页百度都是"李云迪遭黑躺枪,发声明诚恳致歉"。我忍不住叹口气。你不发生这样严重的失误,旁人怎么黑你?已经是现在这样的结局了,还不忘辩解。自强的要务是不自欺。我根本没看出道歉的诚恳,因为李云迪都没提到他"疏而忘学"。

我看过老师病到失声,还挂着"小蜜蜂"讲课,也看过演员高烧,还冒雨背台词演戏,没听说过因病忘记本行的。忘记,只能说明一点:你不熟悉。

我特地回头查了李云迪得奖那年,2000年的比赛现场视频。你都不敢相信那是今天的李云迪,从样貌上说,真的是没有经过包装的有机产品，绝对没有现在帅气霸气，但弹奏得感情充沛，人也陶醉。

业精于勤。N年前我表妹有道高中数学题不会，问身为数学博导的我的爷爷，爷爷戴着老花镜看半天，说："把你课本拿出来我翻翻。"表妹讪笑："你是大数学家，怎么连高中题目都不会做？"爷爷诚恳地答："基础题好久不做了，公式忘光了。我做你的数学题，其实并不比你灵巧。"

今天我也遇到尴尬，在上课记笔记的时候，我窘迫地发现，我不会写"陪葬"的"葬"字。

我们都曾对知识深奥地研究过，其实并不是18岁的我们比现在更有智慧，而是"无他，唯手熟尔"。

业荒于嬉。我上次看到有关李云迪的报道，是黄晓明的婚礼，他从肖邦钢琴大赛的评委席上请假，像明星一样挤进头条。

我认识的不少成功人士都苦于如何将自己短暂的成功转化为永恒。就好像彗星一生的梦想就是成为恒星。但大多数人，都不会在巅峰的位置上停留许久。究其原因，很多人功成名就以后，如报复般将过去所受的苦用享乐弥补回来。

古人将人的进阶分为三个等级：爹妈给的叫聪明，自己学习的叫智慧，比智慧更高的是天机。如何从智慧跨越到天机？那不仅仅是学习能解决的，那需要修炼。所谓的修炼，就是指"断其欲，穷其身，苦其志"。因为"嗜欲深者，天机浅也"。要做到断欲，首先就要能够沉下心来潜心研读和练习，不为功名利禄所诱惑，清心寡欲，离群索居。比方说，巴菲特成名的时候都六十多岁了；比方说，张瑞敏直到今天都每周阅读两本书；比方说，梅丽尔·斯特里普没有出现在国际时装周。

没有持续学习的能力，没有吃苦耐劳的精神，没有俭以养德的宏志，最终，大多数人，都是流星。

看过太多的流星，绝大多数都不会被记录进历史，除了自己会记得自己曾经举世瞩目或当红过。

如果自己能够坦然接受自己来过、红过、消失过，那也是极好的生活。就怕心理上还不能承受，生活上又摆脱不了奢靡，短暂的轰动之后，留给自己的是漫长的痛苦。有多少人，就这样沉沦了。

"靖潜处以永思兮，经日月而弥远。"走最苦的路，看最好的风景。

## "呵呵"为何如此伤人

◇武志红

"呵呵",这两个字,被一个网络调查评为"2013年度最伤人聊天词汇"。"哦",则在另一个类似网络调查中摘得"桂冠"。

"哦"的伤害力有多大?网友"叶呆呆"深有体会。她和男友是异地恋,十一假期,她想去见男友,用QQ(一种流行的中文网络即时通信软件)告诉他,男友只回了一个"哦",她大怒,提出分手,虽然被男友极力挽回,但从此"哦"成了他们网聊的禁语。

"呵呵"与"哦"等类似词汇,为何会如此伤人?因为,它们不是一个真正的回应。如何回应别人向你发出的声音,这是基本的沟通能力。

很多成年人感觉到,若对方没有回应或不及时回应,自己的情绪会产生巨大波动。幼小的孩子更是如此。

弗洛伊德的著作《性学三论》中讲到一个故事:一个三岁男

孩在一间黑屋子里大叫:"阿姨,和我说话!我害怕,这里太黑了。"阿姨回应说:"那样做有什么用?你又看不到我。"男孩回答:"没关系,有人说话就带来了光。"

一个网友也讲到她的故事:儿子和外婆玩,我就去洗脸。他玩得很高兴,突然跑来说:"妈妈,妈妈。"我对他说:"嗯,妈妈在洗脸。"我突然意识到他是想告诉我他很高兴。我问:"你是不是很高兴啊?"他"嗯"了一下就自己跑开了。很多哲学家表达过这一观点:你存在,所以我存在。放到这个故事中,其意思即,妈妈回应了孩子的感受,孩子的感受在那一刻被确认了,于是存在了。

若孩子总处于无回应的绝境,那长大后会衍生出很多有问题的沟通方式。一女子和父亲吵架,愤怒之下回到房间,将门猛力带上。父亲叩门,她就是不开,并且心里有恨恨的快感升起:你们很少回应我,现在就让你们尝尝没有回应的感觉!

精准的回应,带着深切共情的理解,会瞬间穿透他的自我,唤起他对回应的强烈渴望与恐惧,让他有被瓦解感。

一来访者,长时间内,咨询中我说了什么,她甚至听不见。随着时间的推移,一次次精准回应的累积,她逐渐能听到我说什么。这也是因幼时严重缺乏回应,她的自我几乎没有将他人纳入。

人能共情别人,都是因先得到了足够多且好的回应。那些安静又孤独的人,既不向别人发出自己的声音,也不求别人回应。同样,他们也很难回应别人。一位看上去超安静的女子说,她封闭自己,不求别人关心,也不关心别人。关于童年,她最常有的记忆是,妈妈痛苦,她逗妈妈,但妈妈板着脸没做任何回应。

一个"哦"之所以险些制造一起分手,是因女方火焰般的热情,如同撞在一块冰冷的石头上,只得到了一个最简单的回响。许多人,可以为恋人做一切奉献,却给不出情感回应,是因为他们是在无回应之地长大的。

准确而及时地回应别人,这不容易做到,不过,比这一点更关键的,是我们首先得意识到,我们那些关于互动的人格特征,并非就是天生的,而是在生命早期形成的,但它可以改变。

# 为什么你当得了白领,当不了老板

◇陈一言

书读得好的人缺的不是头脑,而是冒险精神。

为什么一个班级里最成功的人,往往不是当初书读得最好的那个?因为成绩好的人很怕失败,他们撑惯了顺风船,听得最多的就是表扬和掌声,所以在做新的事情之前往往会反复权衡,三思而行,往往白白错过大好机会。

书念得好的人机会成本太高,他们完全可以有一份安稳和较高收入的工作,没有必要承担风险去寻求更大的成功。而学习差的人难找到工作,只能铤而走险创业,做高风险的事情才有可能带来高回报,所以看上去原来那些中不溜的同学毕业后反而更能够成功。马云和俞敏洪都曾经历过两次高考落榜,后来创业也是被逼出来的。

美国名校那几个退学的学生比那些优秀毕业生更出名,他们中间包括微软的创始人盖茨,还有苹果公司的创始人乔布斯。他们当年退学创业，也是让自己没有退路。事实上硅谷的风险投资人对这些创业大学生往往有一个附加要求，就是他们必须退学才能拿到钱，否则拿到名校的一纸毕业证书，进入大公司工作，他们可能就忘了当年的创业梦想。

选择太多，往往会让人难以做出选择，所以精明的销售员一般会把选择很快地筛选到只剩一至两项，然后说服客户尽快做出决定。同样，全面发展也有弊端，听到好几个妈妈抱怨，自己的孩子各科成绩都很好，没有相对的特长，这使得他们在职业选择的时候没有明确的倾向。

太舒服的环境培养不出冒险的苗子。所谓富不过三代，很大程度上是因为第二代和第三代从小衣食无忧，他们没有必要去冒险。冒险是企业家的天性，企业家精神和风险与不确定性联系在一起，没有敢冒风险和承担风险的魄力，就不可能成为企业家。虽然企业创始人的生长环境、成长背景和创业机缘各不相同，但无一例外都是在条件不成熟和外部环境不明晰的情况下，敢为人先。

无论在中国还是在美国，高成就的人群会在当他们还是孩童时，就不按照社会对孩童的要求全面发展，因为标准化教育只会造就面面俱到的平庸之人。但读书绝对不是无用，否则就不会有那么多富豪拼命要把自己的孩子往名校里送。知识可以让人变聪明，书读得好的人缺的不是头脑，而是冒险精神。

## 蚂蚁、狗和人的鄙视链

◇卢丽梅

一大块漆黑的印记,在地面上不规则地蠕动着,那是成千上万只蚂蚁正在展开一场鏖战。这场争夺风水宝地的战争持续了几个小时后,蚁族死伤无数,战场一片狼藉。这场景,被一只狗尽收眼底。

你可能要问,难道真有一动不动地在原地待上几个小时的老实狗吗?在这个市场上,的确就有这么一只著名的狗,这狗就是卖肉人的狗。多年来,狗和主人已经形成了一种默契和习惯:每天一大早,狗就尾随主人来到肉摊,主人第一件事就是先剔出几块大骨头扔给它。它每只爪子踩住一块,狼吞虎咽地大嚼一通。当剩下最后一块的时候,它已经撑得很厉害了,可它还是不敢有一点儿疏忽和懈怠,仍死死地用两只前爪护住那块骨头。因为旁边早已有两只饥饿的狗在虎视眈眈地伺机行动呢。就这么原地不动地熬上几个小时,蚁族间的战争就成了它打发时光的事情。

看久了，狗便有了感悟，当然，更多的是嘲笑。它想：真是蚁目寸光呀！偌大的土地，到哪里不可以安家呢？非要赖在一隅，用生命的代价争夺。难道它们不知道，生命只有一次，而土地无限呀！蚂蚁到底是蚂蚁，心胸简直狭隘到不可思议的地步。当狗为蚁族扼腕叹息的时候，感觉内急阵阵，口渴难耐。它顾不了许多，撒腿就跑，另两只狗趁机一拥而上，抢走了骨头。它气得大叫不止，一直叫到主人收摊，才气哼哼地尾随而去。狗的生活就这样日复一日、年复一年地重复着。

狗的一生际遇，早已被狗主人和附近的人尽收眼底，成为人们茶余饭后的笑料了。狗主人轻蔑地说："狗这傻东西，简直愚昧得惊人。吃饱了就让别人吃嘛，你可以轻松地去四处观光、闲荡，何必为了一块本已不需要的骨头而放弃丰富多彩的生活呢？另两只狗也太想不开了，完全可以去别处找食嘛，地方大着呢，何必在一棵树上吊死？为一块骨头等上一辈子值得吗？唉，狗终归是狗呀！"

当狗主人在嘲笑狗的时候，他的生存状况早已被一位菩萨注意到了。他看到，狗主人整天在市场忙着卖肉、算计，还隔三岔五地和顾客要要小心眼儿，和同行生生小气。这几乎成了他的全部生活内容，而这一切都是为了让他自己的买卖占上风，挣更多的钱。菩萨摇头叹息道："愚蠢呀，他过着丰衣足食的好日子，却让自己整日陷于凡俗琐事、纷争怄气之中。五千年才轮到他出场一次，却这样随意地浪费了宝贵的一生时光。人生还有很多更值得做的事啊！比如，和父母唠唠家常，带妻儿郊游兜风，欣赏音乐、读书、运动……"

当蚂蚁、狗和人沉溺于惯常的生活时，并没有评估本身生活品质的远见。只有超越于生活之上，用狗眼看蚁，用人眼看狗，用佛眼看人才看清了,人们最认定的这种为物质而钻营忙碌的生活方式。

其实,只不过是千百年来形成的心牢,使自身的生活变得异常狭隘。就如同一条流淌在谷底的小溪,看似热烈地奔流,其实只占据了大千世界的一条窄道。人往往超不出这自我思维定式的设限,就像蛹,以为茧就是整个世界。

提升你的境界,就是开阔了你的眼界,延展了你的世界。

# 是什么让我们变得讨厌

◇北方

一次去旅游，经常去的那家小店，原来100元的双人房突然飙升到300元！"你们怎么说升就升呢？以前不都是100元吗？"大家和老板理论。

"以前是淡季，现在是旺季。"老板忙自己的事情，懒得理大家。

"你怎么这么不讲信用？"大家继续质问。

"讲信用？你们提前问价了吗？打招呼了吗？"老板斜睨我们。

"涨价也不可能涨几倍吧？"

"你们爱住不住，反正就是这个价。"

理论无果，又找不到合适的地方，大家气哼哼地入住了。一进到房间就把房间所有的灯还有空调都打开。虽然是大白天，天气也不冷。这样做的目的，无非是既然你收了我们这么多钱，我们就

"使劲儿浪费"。

还没完,晚上洗澡的时候把水开到最大,洗完后一直开着;虽然自己带了毛巾,还是把浴间里的毛巾扔在地上弄脏,让他们花钱再去干洗一次;去趟厕所,纸巾拽了几米长,可劲儿用;走的时候,还把桌上没喝过的茶包,厕所一次性的用品撕烂,统统丢到垃圾桶里去。

"王八蛋,谁让你这么黑?"最后,大家拍拍手,轻松了好多。我想,假如老板看到我们的所作所为一定也会骂:"这群王八蛋!"

一次,朋友请吃饭,一下团购了八个人的火锅票。到吃饭的时候,只来了四个人。上菜前,朋友觉得点了那么多有点儿浪费,就和大厅部长商量:"部长,你看我们才来了四位,能不能退一点儿?"

部长很高兴地说:"嗯,四个人吃八个人的分量的确有点儿浪费,我们可以少上一点儿。"

朋友觉得部长没明白他的意思,于是说:"我的意思是能不能退四个人的钱给我?"

部长这回收了笑容:"不退钱。"

朋友接着再和部长商量:"你看这样行不行,八个人的分量你上四个人分量,另外四个人的分量你不用上,到时候退两个人的钱给我就行了,下次我们还会来光顾的。"

部长很坚决地说:"不行,你们团购了我没办法改规则。"朋友看到退钱无望,于是说:"全拿上来吧。"朋友和大家气呼呼地吃。

买单的时候,朋友当着部长面,把吃不完、一动没动的菜全部倒进了火锅里。意思是：既然你不仁，也别怪我不义了。

部长看了一眼，也许是见怪不怪，熟视无睹一般离开了，但她的眼神透露着一种不快。一顿饭吃了一身气，大家都不爽。

生活中，类似现象比比皆是。当我们满心欢喜的时候，被人浇了一头冷水；当我们心灵柔软的时候，遇到了铁石心肠。然而，当我们回过头时，却发现自己的所作所为，自以为是的"聪明"又是那么"恶毒"。

掩面沉思：是什么让他们变得如此"坏"？是谁又让我们变得如此"恶毒"？我们该从什么地方找到答案？

# 别再指望交情了

◇侯文咏

　　李四端是台湾著名的资深新闻主播，他的采访以灵活、生动、刁钻广受观众欢迎。他的采访遍及政要高官、商界名流、文化巨擘、影视明星……许多人都对他的访问可以说是又爱又怕。

　　我和四端虽是朋友，但接受他的专访还是第一次。

　　节目开录前，我们先小聊了一下。一般而言，访问像我这样的作家，气氛是比较愉快的，我身上既没有太多敏感话题，也没有太多不能公开的秘密必须逼问。因此，对这个访谈，我其实是抱着放松的心情与态度面对的。

　　我没想到摄影机一开录，李四端就转移话题，从我帮言承旭写情书的事开始谈起。他咄咄逼人地问我：情书是写给谁的？是不是写给林志玲？内容是什么……

　　尽管我知道对这件事情大家兴趣很大。不过，因为我是受人之托，所以除非当事人愿意公开，否则我实在没有立场在当事人之前公开问题的答案。因此一开始我有点儿被迫闪躲,心里老大不愿意地想着:怎么一开始就聊别人的事呢?而且是我不好回答的事……

就在我快被逼到墙角时,四端忽然停了下来,问我:"这样的节奏你还习惯吗?"

"可以。"我故作风度地说。(发现自己还真虚伪啊。)

"好,"他对着摄影师说,"那我们正式开始。"

我愣了一下——原来是个下马威啊!

那是一次事后我觉得很流畅、有趣的访谈,果然,该问的问题四端一题也没少问,当然,该回答的我也一点儿都不马虎。

在我接受过的无数访谈中,就我记忆所及,这样的下马威一共有两次——都是我的朋友,也都是非常优秀的主持人问的。

另一次是几年前接受蔡康永《真情指数》的专访。

我和康永算是老朋友了。老实说,他要怎么采访我,当时我也非常好奇。我一点儿也没想到,摄影机开录后,他丢过来的第一个问题就是一个又麻又辣的问题。

"作为一个作家,你有这么高的收入,你自己是什么感想?"

我那时心里想:天哪!这样的问题应该问大企业老板或富商才对吧?再说,访问一个作家有那么多问题可问,干吗偏偏挑这种"高难度"的问题开场?

事后证明那又是一个"下马威"问题。我好奇地问康永:"当时你问那个问题,是什么打算?"

康永说:"我是想确认一下你的状态,还有你是不是很清醒……"

"噢。"我说。

"还有,"康永说,"我们的交情很好。"

"当然。"我说。

"那时我也想顺便提醒你,一旦摄影机开录了,你就不能指望那个交情可以给你太多依靠了……"

"噢……"我恍然大悟。

不能指望那个交情给你太多依靠。这一点,四端和康永这两位好朋友的态度是完全一致的。

四端的访问结束之后,我们一起去喝咖啡,他告诉我:"交情的确是访谈节目的一个妨碍。"

"为什么?"

"因为主持人代表观众发问,而观众和受访人之间是没有交情的。"

噢,原来当摄影机打开时,好的主持人和好的受访者之间的交情是不存在的。

我这样说也许苛刻了。换个温暖一点儿的说法,这句话应该是:好的主持人永远是站在观众那一边的。

# 借钱就是买敌人

◇郭琳

莎士比亚有句名言:"不要把钱借给别人,借出去会使你人财两空;也不要向别人借钱,借进来会使你忘了勤俭。"这句话虽然有一定道理,却和犹太人的生意经正好相反。

你可以用其他的方式接济你的朋友,但不要借钱给他。借钱给他就是掏钱为自己买了一个敌人。

犹太人之间,大家彼此都很不错,但是你要借钱,他们很少答应,也不是因为大家彼此之间不信任,而是他们处世的一种精明。

犹太人是很有自尊的,他们一般是绝不肯向人求助的,犹太人在生活上借钱,与他们在生意上的借贷是不一样的。假如一个人向自己的朋友去借钱,那说明这个人已经处于生活比较困难的时候了。有人借钱给他,他就总是感到忐忑不安,见了朋友就感觉很不好意思,虽然朋友对他仍然很亲密,甚至那人浑然不觉借钱人的尴尬。而借钱人为了避免这种愧疚的心情一般就会回避自己的朋友,希望自己尽快还钱,那样自己才觉得在朋友面前会坦然,有了这种心理,这样的朋友就会因为金钱变得很不自在,让人感觉不舒服。所以,犹太人之间就心照不宣地达成默契:不借钱给自己的朋友。

犹太人开的餐馆贴着这样的一首歌谣:"我喜欢你,你要借钱,我不能借,怕你借了,以后不再上门。"说的就是这样的意思。

犹太人喜欢放高利贷收取利息,这是他们几百年的传统了,他们如果自己有闲余的资金,就会把这些钱放出去收取利息,而有人需要钱自然就可以去借贷了。所以,犹太人没有钱的时候,喜欢去借贷来渡过难关。向他人借贷资金是一种商业行为,这与向朋友借钱的行为是不一样的。

有个故事是这样说的:

雅可夫借给亚瑟500美元,明天就要到期了,但是亚瑟根本没有钱可以还。雅可夫三天前就已经提醒亚瑟,还有三天就该还钱了。"到明天雅可夫一定会来要钱的。"想到这里,亚瑟坐卧不宁,烦躁地在房子里走来走去。"你为什么还不睡觉?"他的妻子问他。"我向雅可夫借了钱了,明天早上非还他不可!""你现在有钱了吗?""我连一个子儿也没有啊!"

"那既然这样,你就睡觉吧,着急的是雅可夫,而不是你。"

亚瑟妻子的话代表了我们处理债务的一般态度,既然没有钱,就干脆放心休息,反正着急也没用。而事实上,雅可夫也确实没有办法,自己的朋友没有钱,如果逼朋友还钱,那与朋友长久培养起来的感情就会因此而崩溃了。打官司更是浪费自己的钱财,对朋友的感情也更是致命的打击。

还有一个故事是这样说的:

梅西克向罗扬借了1200马克，但是梅西克一直没有钱还，每当遇到罗扬，梅西克都会溜掉，避而不见。可罗扬又束手无策，只能唉声叹气。这时，他的另一个朋友对他说："你不妨写信给梅西克，叫他尽快归还1800马克的债，瞧瞧他的反应。"

罗扬也十分需要这笔钱，不得已只好采纳了这个办法，就给梅西克去了一封信。

两天后，梅西克就回信了，信中说：罗扬，我记得很清楚我只借了你1200马克，你怎么说我欠了你1800马克？随信附上1200马克，如果你要打官司的话，你准输。

如果朋友之间真的到了这种地步，就可以想到以后两个人的关系了。因此，犹太人说："借钱，就是掏钱给自己买了个敌人。"

# 饭局朋友为何靠不住

◇五羊

我少年时正值周润发成为影坛万人迷，那时《英雄本色》中的"小马哥"是如此深入人心，以至于成为我们争相模仿的对象。那种单纯为了义气而为朋友两肋插刀的情节，令我们每个少年都热血沸腾。不过我们很快发现，友情和义气是如此靠不住，不要说出生入死，常常为了一个女孩就能彼此反目。

布鲁图是恺撒最好的朋友，然而布鲁图却和其他罗马人一样嫉妒恺撒，于是密谋杀死他。在元老院里，他们围住恺撒并拔出匕首，恺撒拼死抵抗。不过当恺撒突然看到布鲁图时，他说了这样一句话："你也在内吗，我的孩子？"随后，便停止了抵抗。

朋友到底是什么？从蒙田到培根、爱默生，都在思考这个问题。莎翁的《雅典的泰门》中，泰门对那些他无私帮助过的，但在自己需要帮助时不肯伸出援手的酒肉朋友大爆粗口："愿你们老而不死，永远受人憎恶，你们这些微笑的、柔和的、可厌的寄生虫，彬彬有礼的破坏者，驯良的豺狼，温驯的熊，命运的弄人，酒食征逐的朋友，趋炎附势的青蝇，脱帽屈膝的奴才，水汽一样轻浮的小丑！让一切人畜的恶症侵蚀你们的全身！"

为何有些友谊如此脆弱？这在经济学家眼里丝毫不奇怪。美国经济学家迈克尔·舍默就为我们讲述了经济学上的"银行家悖论"：假如你是个银行家，有一笔可供借贷的款项，如果你把钱借给信用记录差的人，你冒的风险就很大，他们可能还不了钱，甚至搞得你破产。这样就形成一个矛盾局面：把钱借给最需要借钱的人，往往信用风险都很大，因此这些人得不到贷款；而最不需要借钱的人，信用记录最好，因此反而能得到贷款。

如果把这个悖论应用到人类的关系上，酒肉朋友的出现就不难解释了：人的资源有限，我们不可能帮助所有人，所以即便友情在，我们也要有个信贷风险评估，希望能获得相应的回报。这时就出现了"银行家悖论"：越是需要帮助的穷人就越难获得帮助。所以那些有钱有势的高官富人，身边总是围满了"朋友"。不过那些酒肉朋友都只会在他不需要帮忙的时候，装出愿意效劳的姿态，一旦高官富人倒霉运破产真正需要帮忙时，他们是指望不上的，这就好比银行家不会给破产的企业继续贷款。

那么经济学又如何解释那些真正的友谊呢？进化心理学家托比和考默斯说："如果你对某个人极为可贵，那么你在困难时期的存活，就对该人有着极大的利益。这样一来，由于他们关心你的生存，使得他们对你而言极为可贵。他们对你有利害关系，意味着你对他们也有利害关系。"正是这种初始利益的强化，才奠定了我们友谊的基础，让我们离不开那些真正的朋友，所以这个世界上，还有荆轲和高渐离，俞伯牙和钟子期。

## 你努力合群,却只得了一张好人卡

◇Madman92

你身边的几个朋友拉你去唱歌,你本来计划一个人去书店看书,但怕朋友说你不合群,便一同跟着去了;在一次会议讨论上,本来你有一些别于他人的不同看法,但其他人都不说话,你怕同事们议论你爱出风头,于是就选择和其他人一样沉默了;你周围的人都在追《欢乐颂》,都在玩《王者荣耀》,你本来对这些没什么兴趣,但害怕和身边的人找不到共同话题,也就屁颠儿屁颠儿地追剧,玩手游。

你试图去在乎其他所有人的感受,却从不扪心自问自己是怎样想的。

你知道吗,你这样努力合群的样子,真的好尴尬,也好孤单。

巴尔扎克曾说:"在各种孤独中间,人最怕精神上的孤独。"

我们大多数人忍受不了孤独。

一个人与自己独处5分钟就开始抓狂,坐立不安。10分钟不刷朋友圈就如坐针毡。

当一个人被人称为是一个随叫随到的人时，我想问：这个人有自己的生活吗？

当一个人完全没有说"不"的能力，那么他所在的世界又和一座无形的囚笼有什么区别？

刘同曾说过："没人喜欢你，没人搭理你，没人约你，没人站在你的角度考虑问题。没人等你，没人陪你，没人想到你，没人站在你的身后鼓励你，这些都不值得抱怨，只是我们生命中一件又一件再自然不过的事。没有人关心不是孤独，面对悬崖声嘶力竭地呐喊，无人回应才算孤独。"

那个应该做出回应的人就是你自己。

很多人努力合群是为了什么，是希望得到所有人的认可？还是希望得到很多满意的反馈？

努力合群的人是可怜的，因为他们大多数的时间在迎合他人中度过，他们就像是俄罗斯方块里的积木一样，合群了，但也消失了。

而为什么那么多人依然要努力合群着，大概是因为人都惧怕孤独，但从来不去享受孤独。

他们不明白，孤独也是一种生命的历程。

我最喜欢的一部美剧《广告狂人》，里面的男主角说过这样一段话："你孤身来，就会孤身走。这个世界丢给你一堆规则，好让你忘掉这个事实，但是我从来不会忘记。我把每一天都当成最后一天来活。"

而这正是每一个人都需要的一点心态，"把每一天都当成最后一天活。"

之前看过一个纪录片，采访那些行将从这个世界离去的人，有哪些事情是他们最遗憾的，其中很多人回答说："我很遗憾在我人生那么长的时间里，我都不是为自己活，我不敢做我自己，没有努力表达自己内心真实的想法。"

周国平说："孤独是人的宿命，他基于这样一个事实：我们每个人都是这世界上一个旋生旋灭的偶然存在，从无中来，又要到无中去，没有任何人任何事情能够改变我们的这个命运。"

孤独，既然是我们的宿命，我们就不可逃避。

选择不去迎合所有人，不去费力地合群，也许你成为不了人们眼里的好人，却可以当自己的王者。

愿你拥有大风与烈酒，也能享受孤独与自由。

# 为何八面玲珑者最不得人心

◇罗兰

据我平常观察,我发现,大致说来,有两种人。一种人是八面玲珑的,对人非常周到,每一个同事、每一个亲戚朋友的喜庆生日,过年过节,以至于他们孩子的生日、毕业、得奖、考取学校等大小事项,没有一样忘记。他总是抢先去应酬,去送礼,去道贺。平常说话更是圆滑透顶,处处不得罪人,见什么人说什么话,应付得面面俱到。

按说,这种人该是最不容易得罪人的了。但是,我发现,即使他不得罪人,他也一定很苦,很累。他的生活被这些细节占去了大半,以至于使他没有多余的力量去顾到真正该做的事。

而且,因为他太不希望得罪人了,往往偶尔一次有人说他不好,他就难过紧张,觉得自己这样用心,还换不来人们的好意,这使他伤心难过。

同时,我们发现,人们往往也很残忍。对那些越是面面俱到的人，如果偶尔发现他有一次疏漏，反而越不会原谅他。因为人们会想，他那样面面俱到，那样细心，居然有这种疏忽，那就是故意的，因此，就不可原谅。做个八面玲珑的人并不容易！

我见到的另一种人，是马马虎虎的。一切都不操心，我行我素，从不关心别人的事，更不关心别人的情绪和困难。这种人虽然对他自己来说，是比较省心，也可以专心去做他自己该做的事。

但是，在人事上发生困扰的，也就是这种人，他们太马虎了，得罪了人也不知道，该争取别人信任与谅解时也没有去争取。因此，他们也会遭受阻挠而失败。

在我看来，在对人方面，最好是能保持一点儿超然。超然之中，该加入一些同情和真诚。不要加入人事纠纷的小集团，背后不谈论任何人的是非。

这样，你既可避免自己被卷入琐碎应酬和闲是闲非的旋涡，又可保存自己和周围人们之间应有的感情上的联系。使人们相信你的真诚，了解你的超然，你做起事来，就不容易碰到敌对的人在背后牵制你了。

# 95后社交圈真相

◇夏川山

有相当大比例的人认为，95后作为新新人类，应该在各个方面走在潮流前沿了吧？也有人认为，95后们自私冷漠又充满个性，不好相处。如果你也有同感，那我只好告诉你：脑洞太大是无法真正了解到95后们的社交圈真相的！

### 真相一：QQ≠微信≠微博≠陌陌

95后社交圈最大的特点之一就是，他们都跟人精似的，不仅对各种平台的接受度高，还能有意识地在不同的社交平台进行不同的社交行为。

一项严谨的调查结果证明，最受95后们青睐的社交平台当数QQ空间。"我喜欢在空间分享一些有关个人兴趣的东西，除了QQ空间，也常逛贴吧认识一些陌生的朋友，关系好的依然会加上对方的QQ，在QQ空间进行日常联系。"对于95后们来说，QQ空间更具实用性，而微信，那都是"95前"那帮追时髦的老家伙才喜欢的东西。

虽说最爱QQ空间，但95后们却不专情，除了微信之外，在其他社交平台的选择上，95后和95前们并没有太大的出入。他们习惯于利用全平台进行社交活动，不同之处在于，95后们对于各种平台的作用划分有着自己的一套逻辑："QQ上基本都是旧相识，包括各种熟悉或不熟悉的朋友、同学，关系比较亲密的则会加为微信好友。陌陌这玩意儿我没有投入什么感情，纯属好玩。至于微博，不好之处在于好友太少，普及率不高，好处就是我可以随意地发一些心情在微博上，反正也没几个熟人能看见。"

不同级别的朋友，将被划分到不同的社交平台中去，不仅如此，不同的资讯也会被95后们分门别类地区分开来："QQ空间是最欢乐的地方，可以分享很多搞笑的无厘头的东西逗大家一乐，微信对于我的意义则严谨很多，总是要认真思索后才会决定发布，如果有一天我把主要阵地搬去了微信，那或许就代表我长大了。"

### 真相二：爱发言≠愿意跟所有人说话

"你们太烦了，我们95后不爱吭声吧，就说我们自私冷漠，我们在网络上积极发表态度吧，你们又叫我们愚民！"面对外界的质疑声，95后表示很着急。他们并不冷漠，反而是社交平台上最爱发言的一群人，对社交网络的依赖度也非常高。他们也不自私，反而很喜欢分享，看到好笑的段子不能光顾着一个人笑，一定要分享出去，哄堂大笑。当然，他们跟所有人一样渴望被关注："好心人请给我点个赞吧，祝你一生平安。"

和线下相比，社交网络更便于得到平等的对待和认同感，平时不受重视的95后在网上发言更自信，热爱发言分享也是源于他们对新鲜事物的喜爱，泛娱乐化的信息是他们关注的焦点。而那些负面的内容，他们则习惯性地不予讨论。

比起80后和大部分90后，95后的烦恼更多，因为他们的父母通常能熟练地使用网络，把混迹各种社交平台当成了日常，能很方便地了解子女行踪、心态甚至情感变化，也更容易潜入95后的秘密基地，触碰到他们的隐私。而95后正处于青春期，你懂的，就算没什么秘密，也不想被父母了解自己的全部生活。

是的，我们95后就是矫情，怎样？别忘了你也是这么走过来的！

### 真相三：95后≠没节操

节操尽碎，三观全毁。这样的金句用在95后身上也未免太过粗暴了吧？爱憎分明才是我们的标签。

追星让95后在社交网络中备受攻击，一些不理解他们心情的人总爱拿他们追星的事解闷。95后们把网络当成了追星的主要战场，也因此惹出了一些误解和麻烦。

在被冠上"追星没节操"恶名的时候，在被吐槽没脑子瞎起哄的时候，我们都忽视了，95后其实是一群爱憎分明、有思想的好少年。

就拿追星来说，他们就有自己的选择标准："我比较喜欢真实活泼的明星，太端庄的反而不容易找到萌点。"

别以为网上那些爱捣蛋瞎起哄的人全都是95后，调查中显示，95后跟95前一样，都很讨厌社交刷屏。他们的爱憎分明体现在，无论对方是谁，只要刷屏，立即拉黑，按一位95后的说法就是："刷屏这种事咱小学就不干了……"

社交刷屏中占据面积最广的就是游戏分数的比拼。在这一点上，首先，95后特别不喜欢跟风玩那些"爆款"游戏，厌恶程度堪比淘宝"爆款"商品:"为了一个烂大街的游戏比拼,不值得。"充足的物质生活给予他们更多接触多元文化的可能性,在这样的成长经历中,他们追求的是个性,最排斥没道德的行为。

**真相四:不爱主流≠非主流**

上文讲到,95后讨厌爆款讨厌得恨之入骨,可并没有说不爱主流的人就一定是非主流啊!别那么非此即彼好吗?

"前方高能预警""天明少羽在一起""从来没有喷得那么爽"……在观影途中,如果你听到邻居这些吐槽,一定会觉得烦不胜烦,但这些吐槽语化作文字出现在大银幕上,可能就成为一场全民狂欢。

在不到一周的时间里,《秦时明月之龙腾万里》《小时代:刺金时代》《绣春刀》三部国产影片,接连开出弹幕电影专场。在业内人士看来,弹幕电影在很大程度上满足了年轻人"个性化"消费的需求,可是,弹幕电影让影迷感受到强烈的互动观影体验的同时,也引发大众对这一新生事物褒贬不一的评论。有网友对此表示,"看完一场电影下来,觉得自己的眼睛和脑子都不够用了,很多时候都不知道是该看字好,还是看画面好,简直太累了"。

"弹幕"如今在网络上已经热闹透了,这成为一种即时分享心情的有效方式。观众发表的评论在视频上实时滚动,从屏幕飘过的效果看上去像是飞行射击游戏里的弹幕。

国内著名的"A站"(AcFun)和"B站"(哔哩哔哩)都是弹幕式视频分享网站,可以供网友发弹幕吐槽,聚集了一批热衷吐槽的年轻网友。

而这种元素从免费视频到收费电影的过渡,却出现了不少争议,甚至连原本的目标观众95后也对此吐槽:"弹幕上什么内容都有,郁闷死了!""要吐槽就去B站,我可是花了钱来看电影的!"

　　60.05%的95后厌恶弹幕,只有9.12%的人热衷于弹幕文化。一直被认为是"非主流"的95后,让人们大为改观。从调查中得知,许多95后不喜欢,甚至压根儿不知道弹幕是什么,弹幕终归是小众人群的爱好,跟年龄其实没什么关系。

## 社交时代,我们都是敏感体质

◇蒋方舟

我在大学一年级时,毫无悬念地把自己吃成了一个胖子。

首先,我皈依了减肥。我可以整整一天滴水不进,然后第二天中午,一个小时之内连续去三个食堂吃午饭,像是一个人形孢子分裂出了三个暴食症患者。其次,因为要么饿得百爪挠心,要么撑得寝食难安,我变成了一个昼夜颠倒的人,再加上觉得自己很邋遢难看,不愿意见人,逃掉了很多课。再次,逃课的空虚让我花了大量的时间网购,买的大多数是衣服,衣服又穿不进,羞愤难当,继续皈依减肥。

总之,那是我非常不快乐的几年。因为难以接受自己,所以蜷缩着,拒绝他人。

我很久之后才知道,人用来自憎的大脑边缘系统,在童年时就已经形成。可是,用来开导自己、原谅自己、使自己变得强大的智慧,却往往在我们本该成熟的年纪,依然不具备。

电影《楚门的世界》中提出了一个假设，以及相应的解答：当一个人活在所有人的窥探之下，他应该怎么办？答案是：他逃走，获得自由。然而，如果所有人，活在所有人的窥探之下，那么，又该如何逃避？这不是假设，而是正在悄然发生的现实。

我们无时无刻不在朋友圈、微博、个人主页上展现自己的生活，同时，也在同样的平台上窥探他人的生活。我们无时无刻不在评估他人，同时，也在接受他人的评估。"个性张扬"只是狐假虎威的外衣，为了掩饰自卑与自恋此起彼伏、相爱相杀的脆弱。我们羡慕嫉妒着他人，也努力地把自己的生活修饰得让他人羡慕嫉妒。

我们对他人的意见过于敏感，无法忍受不被"点赞"的人生。社交网络的核心在于"社交"，社交的动力，是出于人们无法忍受的孤独；人们之所以无法忍受孤独，是因为人们无法拷问自己。

可是，总有一天，我们要站在镜子前，发现我们并不是自己创造出来的那个有趣、可爱、有吸引力、有能力的人。那么，你还喜欢镜子里的自己吗？你是否对自己足够诚实，并且接受诚实之后的不完美？

我偶尔去大学讲座，每次交流的环节都会遭遇"怎么办"的问题——"理想与现实有差距了，怎么办？""兴趣和解决温饱矛盾了，何去何从？"总结成一句话，就是：人生的路啊，怎么越走越窄？可是，人生的路啊，你没走怎么知道窄不窄？

真正的矛盾，并不在于什么"理想"与"现实"，而在于人的不安与胆怯：既要得到路终点的奖品，又不愿去走那条路；既要去爱，又害怕爱所带来的混乱与伤害。

失去的痛苦、被拒绝的痛苦、被伤害的痛苦、分别的痛苦，它们如此显眼地横在前行的路上，让人想逃遁到那个充满"赞"的虚幻世界里。然而，我们是人，走在一条从摇篮到坟墓的路上，年轻在途中，老在途中。必须和真实的世界发生联系，而不是兀自为尚未发生的事情而恐惧。必须和真实的人发生各种关系，而不是如一座座只能遥远眺望的孤岛。

那些杀不死我们的痛苦，有时会让我们更加强大。就像令我们受益最多的人，往往并不是良师益友，而是那些努力伤害我们但最终未能如愿的人。

时代让人变得更敏感，但人难以逆转时代的变化，只有在自己身上，克服这个时代。这并不是指嘲笑同时代者，或是自我放逐到无人之境。而是趁年轻，输得起，去经历。并且让一切愉悦与不愉悦，都能够滋养内心，产生沉稳的判断能力。

坚持自我的前提是找到自我，这样才能够抵抗住琐碎生活对人的消磨。同时，抵抗住敏感，抵抗住敏感带来的恐惧与动摇，更为柔软而坚韧地活在当下，毫无疑虑地走过这个世界。

# 苦

如果好看有用的话,
还要脑子干什么?

## 圈子不同，不必强融

◇周宏翔

我有一个关系很好的同事，她叫王爷。王爷特立独行的风格简直让人沉醉痴迷，但很快我就发现了一个问题，王爷在公司并没有那么多朋友，于是我忍不住问她，是否觉得孤单。

王爷问我："孤单的定义，到底是什么？把你置身于一群人中，跟着他们一起嬉笑怒骂就觉得不孤单吗？所谓朋友，就是解决你孤单的工具吗？"

那时候Sunny刚刚从毛衣组调过来，坐在王爷对面。初来乍到，第一天就带了双份的零食，休息时递给王爷，分给周围的人。Sunny把组内每个人的微信都加了一遍，只要有谁朋友圈发状态，她都第一个点赞，然后说一堆让人开心的话。但是其他人看在眼里的是，不管那条状态底下有多少条回复，总归没有人回复她。同样地，她每条状态下面，基本上没有组内任何一个人的点赞和评论。

午饭的时候，我和王爷聊天，说到Sunny，觉得她其实也蛮可怜的。王爷低头吃鳗鱼饭,没有理我。我接着说:"真的,我觉得你们组的人其实有点儿过分了。"王爷咽下口中的饭,看着我说:"可怜吗?她是把社交友谊看得太廉价了,哪能吃吃喝喝、随便搭搭话就和别人成为朋友呢?虽然说感情的事,要付出才有回应,但是付出之前如果连对象也不看,那就是自讨苦吃了。认识那些与自己价值观完全不同的人有必要吗?在他们每天谈论婚丧嫁娶的时候,我觉得和他们多待一秒钟都是在浪费时间。有些人可以被归类为朋友,但有些人仅能止步于同事——除了工作关系,我们没有别的交集。"

接下来的一个下午,我注意到只要是有人叫Sunny做事,Sunny就会很开心地去帮忙,然而帮过之后,除了一句简单的"谢谢",别人也并没有给Sunny太好看的脸色。下班之后,大组聚餐,名单里面漏掉了Sunny,她只淡淡一笑,说:"没关系,我正巧约了人,就不去了。"我因为事情没有做完,和领导说晚些去,最后竟不知不觉忙过了头。打卡下楼的时候,想着干脆别去了,给领导发了信息,打算去便利店买个面包,却发现Sunny坐在便利店的椅子上吃盒饭。

原本我想上前打个招呼,谁知道却被一只手拉住,回头一看,正是王爷。

"她坐了有一会儿了,想必心情不好,你上去叫她,只会让她尴尬。"王爷低声和我说。

那天王爷和我讲了一个故事。她说,每个人都有犯傻的时候,曾有一段日子,她也一样。上大学那会儿,通过朋友认识了新的朋友,总觉得和他们是合得来的,却不料别人私下根本没有把你纳入圈子里,有活动也好,有心事也好,你都不会被选为参与者。好多看起来的投缘不过是逢场作戏，不要以为你掏心掏肺，别人就会善待你的友谊。有时候，一群人聊的事情，其实你根本不感兴趣，但是还是想要插嘴去附和，以为别人会因此而注意到你，其实到头来，都是自己在演独角戏。

王爷看着我说："你总担心我在公司里没有朋友，我却一直认为，朋友是因为气场相合才彼此吸引，而不是刻意为之。好比我跟你，似乎从来没有特别举行什么仪式，昭告天下'我们是朋友了'，但我们却依旧交往得很开心。所以，我从来不会为了解决'孤单'这个问题，而让友谊变得廉价。圈子不同，不必强融，一直是我信奉的价值观。"

我说："那我们应该去和Sunny说一说这些事，我觉得你应该去劝劝她，一方面你是女生，另一方面你有过同样的经历。"

王爷摇摇头，把喝完的饮料瓶扔进垃圾桶里，说："永远不要以为自己是谁的救世主，我们救不了别人。相信我，能让她活过来的，除了上帝的偶然安排，就只有她自己的彻底清醒。"

虽然王爷执意认为这些事情不要去提醒，但是我还是私下写了一封邮件给Sunny，内容不多，我只是告诉她，与其把时间浪费在别人身上，不如把时间花在自己身上。下班的时候，我收到Sunny的邮件，只有简单的两个字：谢谢。

半个月后，Sunny申请调组，但是人事告诉她其他组没有人员需求，最后Sunny说她可以接受外派。那个时候海外事务所人不多，申请其实并不难，但是很多本地的员工并不想去那么偏远的地方，因为工资并没有比国内高出多少，而环境比国内还要差。但Sunny还是执意申请了，回头到我座位边上，递给我一瓶酸奶，说："谢谢你。"Sunny笑得很轻松，然后开始收拾东西。

Sunny去了海外之后，每每我们开电视会议，基本都能看到她。听说，她去了海外之后，很快就成了主心骨。因为人少，所以交际圈子简单，大家没有那么多的想法，只想着开心工作，氛围很好。后来Sunny作为海外事务所代表回来的时候，以前那些同事突然都拥上去问东问西，好像迎接归国友人一样。Sunny一年之内连升三级，我和王爷说起，王爷笑道，好歹她终于知道自己要什么了，这可比什么都重要。

Sunny过来和我跟王爷打招呼，我说："看你越来越好了，真替你开心。"Sunny大方地笑，说："谢谢你的信。"她转身又对着王爷说："还有，你的面包。"

我略感诧异地看着王爷，王爷耸耸肩，表示不明白。Sunny说："虽然过去很久了，但是我还是记得，那天我坐在便利店，饥饿难耐的时候，你递给我的面包。你说，虽然面包比不上佳肴，但至少在饥饿的时候可以果腹，然后示意你手上也有一个。你或许不知道，那一刻对我的重要性，在所有人都去聚会的时候，你愿意和我分享面包。虽然平时我们话不多，但是我知道，你是把我当成了朋友。那时候我一直羡慕你的能力，后来才知道，原来你吸引人的是你从不讨好他人而坚持自我的态度。"

Sunny回海外之前，给王爷发了一条信息，她问：怎么样才可以真正做到不计较呢？王爷回了一句话：强大到让别人计较你。Sunny回了一个笑脸，她说她懂了。

以前我一直担心王爷是一个没有朋友的人，会孤单，会寂寞，会因为没有人交往而失去存在感。但渐渐地，我才明白，存在感从来不是别人给的，只有自己太弱小，才没有足够的分量存在于世界上。

我和王爷坐在天台上喝咖啡,只是简简单单的两个人,我们从来不会媚俗地去讨好对方,也不会硬要融入对方的圈子。真正的朋友,会因为你的美好接受你,而不是因为你的讨好和刻意才将你纳入交往名单。不需要讨好全世界,只需要等待被你品质吸引的人,主动且乐意和你走到一起。

# 人对了，圈子就成了

◇王月冰

很早以前，我就听到"圈子"这个词，总有人发自肺腑地说："要建立自己的圈子。"有一本书叫《圈子对了，事就成了》。我由此强烈地意识到，圈子很重要，我要好好经营自己的圈子。

于是，我尽量展露笑容和人套近乎，努力建立自己的圈子，我甚至专门列出了每一个所谓的圈中人的生日和爱好，哪怕只是一面之缘，我也会在他生日这天，奉上诱人的大大的电子蛋糕，虽然不能暖胃，但暖心还是不错的。

看到我的微信和QQ上那些闪烁的头像和热闹的场面，我想这就是我的圈子，我有任何需要，只要在圈子里振臂一呼，大家就会两肋插刀挺身而出。当然，这样的英雄场面难以实现，因为岁月静好，平淡如水。

可是，小小的方便还是有需求的。这不，有一天，我开了家网店专门卖汽车配件，之所以有胆量把这网店开起来，心中是有点儿底气的，就是源于我的圈子。我想，各位圈中的兄弟姐妹，无论如何是会支持我的，有需求的捧个钱场，没需求的捧个人场。

于是，我在群里和微信上每天播报我的网店情况，展示我的产品，对于有车的朋友，我甚至一一推销。开始还有人稀稀拉拉发个支持或点个赞，可是，渐渐地，好多人退群了，还有人把我的微信拉黑了。我到这时才意识到，我的所谓圈子，多么不靠谱。我开始冷静下来反思圈子这回事。

通过网络和几句闲聊建立起来的关系网，就像一阵风后随意飘落到你周围的蒲公英，充满不确定性，再来一阵风，又飞往别处，甚至连是否在你这里停泊过，他们也很快忘记。那么，如何才能让他们在你的周围生根发芽，长叶开花，成为你真正的风景？道理很简单，必须有肥沃的土壤、适当的水分吸引他们，让他们不忍离去，愿意与你一起构筑美好的圈子。也就是说，圈子的土壤，归根结底还是个人魅力。

我不再乱点赞，也不再四处发笑脸，至于那些压根儿难以暖心的电子蛋糕，我都收了起来。但是我的微信还是不停地更新，我把我在客户中发现的一些购买汽车配件和保险理赔时遇到的典型案例发上去，并且附上我诚意的提醒。没多久，就有朋友打电话过来求助，他的车子是一款法国车，4S店给他提供的某个配件贵得吓人，他向我咨询。这个朋友我印象很深，我们只在朋友的生日宴上见过一次，我后来频频给他点赞、送节日祝福，他都很冷淡，直到后来我发了店的广告，他说"终于露出真面目了"，言下之意，就是我之前所做都是虚假的，我能想象他对我鄙夷的样子。现在，对于他的求助，我觉得有些惊讶，但也很开心。我非常耐心地告诉他这个配件在我这里的价格，然后又提醒他如何与4S店周旋。很快,他就在微信上对我点了赞,后来,他陆续介绍朋友给我,朋友又介绍朋友,很少买产品,大多是咨询问题。我都一一耐心解答。就这样,我在汽车方面的专业知识和真诚助人的态度赢得了他们的信赖。渐渐地,他们开始真正关注我的微信和在群里所发的内容。并且,在有汽车配件需求时,根本无须我推销,他们不由自主就想到了我。我的汽配店营业额快速上升。我知道,我的圈子真正建立起来了,不是依靠我的盲目点赞和奉承,而是依靠自己的诚信和个人特长与优势,这被他们称为"个人魅力"。

是的,就是个人魅力。有魅力的人,才会有自己真正的圈子,因为魅力像磁铁一样吸引大家。如果说圈子是个花园,那么你首先要让你园里土壤肥沃,阳光充足,才会有种子愿意来这儿抽枝含苞,你的圈子里才能真正百花盛开,风光无限。

# 外貌协会，不只看外貌

◇王春雷

简单的以貌取人是透过精气神发现真英雄，高层次的以貌取人则是发现精气神背后那颗心。

马云的面相很难用"气宇轩昂"来形容，如果马云去应聘，会不会被拒之门外呢？还是让我们看看"立德立功立言三不朽，为师为将为相一完人"的曾国藩是怎么说的。

曾国藩之所以能在举世滔滔之中产生中流砥柱的作用，可能有诸多因素，但他广泛网罗人才，把一大批才俊智囊聚集在自己的周围，把别人的能力化为己用，是十分重要的原因。曾国藩会欣赏马云吗？

《冰鉴》一书中将《神骨鉴》放在第一篇，开篇便说："语云'脱谷为糠，其髓斯存'，神之谓也。"意思是说：去掉稻谷的外壳，稻谷的精髓立刻呈现。而人的精髓就是指一个人的内在精神。可见，以外貌协会著称的曾国藩注重的并不单是外貌表相，而是外貌所掩盖的神骨。马云相貌并不好，但其内在精神实非普通人所能比拟。

光看神骨还不行，还要看神骨背后的先天种子：刚柔。曾国藩认为："既识神骨，当辨刚柔。刚柔，则五行生克之数，名曰'先天种子'，不足用补，有余用泄。消息与命相通，此其较然易见者。"马云刚柔相济的个性不正是曾国藩心中最理想的"先天种子"吗？

曾国藩很注重情态，他认为"情态者，神之余，常佐神之不足。久注观人精神，乍现见人情态"。再看曾氏识人口诀："邪正看眼鼻，真假看嘴唇；功名看气概，富贵看精神；主意看指爪，风波看脚筋；若要看条理，全在语言中。"除了指爪和脚筋我们看不见，其他方面马云都可以得高分。

情态鉴后面是须眉鉴，须眉尽显男儿本色，曾国藩认为，通过须眉可以辨别一个人的健康和运势，这和天庭饱满、印堂发亮是同样的道理，马云的胡须看不出来，但眉毛还是很有力量的，是身体健康、精力充沛的标志。

之后是声音鉴。"人之声音，犹天地之气，轻清上浮，重浊下坠。始于丹田，发于喉，转于舌，辨于齿，出于唇，实与五音相配。取其自成一家，不必一一合调，闻声相思，其人斯在，宁必一见决英雄哉？"听马云演讲，他的声音正可以"一见决英雄哉"！

冰鉴最后一部分是气色鉴。"面部如命，气色如运。""人以气色为主，于内为精神，于外为气色。"虽说马云长得并不好看，但通过努力，相由心生的原因，气色好了，运气也好了。古语说"一命二运三风水，四积阴功五读书"，就是告诉我们先读书（长本事），再积阴功（做好事、结善缘），再注重风水（适应环境,顺势而为),这样就能以能力把握机会,取得成功的概率就提高了。经常取得成功就是运气好,经常运气好就是命好!正如佛家所说的"相由心生,运随心转"。马云是一个刚开始命运并不好的人,但他一步步运随心转,气色当然好了。以识人著称的曾国藩有什么理由拒绝马云呢?

相貌是凝固的表情,表情又是凝固的内心。所以相由心生,每个念头都决定长相。以貌取人,就是通过相认识心,这并不是人们所理解的看相算命,而是一门技能,一种识人的方法。善于经商者,能够在瞬息万变中抓住机会,很多时候靠的就是直觉,而直觉正来自长年的经验积累。认识一个人何尝不是这个道理呢?

一见钟情是一种感觉、一种存在。《三国演义》中,曹操与孙权相持于濡须,曹操攻而不能破,且见吴军阵容整肃,孙权英武异常,颇为羡慕,于是就发出了"生子当如孙仲谋"的赞语。一个人站在你面前,其心智、健康、学识、性格、品德……一切都已相由心生,不以貌取人,如何才能认识一个人?

# 没事少发朋友圈

◇王路

自从爸妈关注了我的QQ空间，我就很少更新了。虽然好久不更新一次，但每次打开，最近来访处总能看见我妈的头像在最前边。就像当年我暗恋某人时，头像总出现在她空间里第一个那样。

再后来，有了朋友圈。我发第一张照片上去，很快就收到了一些留言，其中包括我妈。别人的留言都是在说照片：在哪儿拍的？好不好玩？只有我妈的留言完全和照片没关系。她问：咳嗽好点儿了吗？周末怎么过的呢？我还没来得及回她，先对她的头像有了芥蒂。

我妈的头像什么都没有，只有一张普通的饭桌，一碗再低调不过的豆面条。

我把电话拨回去，先说咳嗽好多了，再问家里忙不忙，天气冷不冷，最后，我亮出本意，建议我妈把头像换了。我说："人家都用自己的照片，你怎么不用自己的照片当头像呢？"我妈不知道说什么，只好呵呵笑了。我说："你有事直接发微信就行，别在朋友圈留言了，这头像也太土气，人家看见不好。"我妈说："嗯。"挂掉电话，我觉得有点儿对不住我妈。

第二天，她还真把头像换了，是一张绿色植物，感觉好多了。不过，从那以后到现在，她一直没再给我照片下留言过。没想到我从小就不听她的话，我的话她却这么听。

初玩朋友圈那阵狂发照片。有时候，我挺希望我妈点个赞什么的。但她可能是怕我不高兴，就没有点。渐渐地，朋友圈玩腻了，也懒得玩了。觉得所谓朋友圈，就是真正的朋友很少在上边联系，倒是算不上朋友的人常在上边熟络得热火朝天的地方。社交网络，也就这么回事。

后来，我就悟出发状态的原则了：真正的大事，不发，憋烂在肚子里也不发；无关紧要的小事，可以发，不仅可以发，还要添油加醋一百倍，往夸张了去说。这才是娱乐精神，既娱乐自己又娱乐大家，不是吗？

前天，我屋里暖气坏了。好在房间隔热效果不错，温度没怎么降下来。暖气片凉了足足一天我才发现。我顾不上联系供暖公司，先在朋友圈发了条状态：暖气坏了一天，要被冻成狗了。

然后，我屁颠屁颠出门了。

当我在小区里找物业的时候，雪片般的安慰如期而至。但我把手机塞在兜里，并不打开看——外面是真的冷，在室外玩手机，那可真要冻成狗了。这时，短信响了。

我不用思索就知道是我妈，百分之百没跑儿。在这时候直接发短信，而不是在照片下提供安慰和解决方案的，除了她老人家还能有谁呢？果不其然，她说：那么冷怎么办呢？修好了没？

我缩着手,找个避风的地方回她:也没太冷,室内十六七摄氏度呢。

发完,我又怕她不相信,又说:已经报修物业了,马上就来修。

把手机揣回兜里,我觉得自己真是矛盾,或者说,生活原本就很矛盾:在朋友那里,我要努力装成被冻成狗的样子。纵然如此,大家也都明白,我没被冻成狗。而在我妈那里,就算我吃着火锅撸着烤串,她还是担心我有没有真的被冻成狗。

这大概就是关注的真正含义吧:并不想给你的生活添哪怕一丝打扰,却时时刻刻为你的饥寒提心吊胆。

# 恨世界的人正在无所事事

◇游识猷

黑眼圈、倒三角眼、嘴角下拉45度，那只名叫"不高兴"的猫永远露出憎恶的表情，它的每张照片都适合配上"蠢狗快滚""人类去死""世界末日速来"之类的文字。

如果把对世界的爱恨之情画成一条线，"不高兴猫"无疑站在"我恨这个世界"这头。微博微信上的鸡汤励志公众号则念着"世上无坏事，桩桩是恩赐"，遥遥站在另一头。其他人大多处于两点之间的某个位置。伊利诺伊大学香槟分校的赫普勒和宾夕法尼亚大学的阿尔巴拉辛认为，这种区别体现了一个人对外来刺激的总体反应。他们询问受试者对200样东西的态度，排除"大家都爱"以及"大家都恨"，用剩下的选项设计了一个"态度倾向"量表，以此测试一个人总体有多热爱或多憎恨这个世界。

有些喜好是相关的，嗜酒的人很可能也热爱吃肉，因为两者都带来舌尖上的欢愉。不过，有的人则对许多并不相关的事物展现出喜好之情。

如果一个人对交通、古董、三明治、咳嗽糖浆都觉得"哎哟，不错哟"，他的态度倾向可能就是"正向"。这种人对未知世界抱有良好的预期。他们天生就像戴着玫瑰色眼镜，看出去总是"天真蓝，花真香，姑娘你可真漂亮"，不但能欣赏各种美好刺激，而且对一些中性甚至负性的刺激——比如物种灭绝、被人嘲笑、全球变暖、无家可归——反应都更积极。

至于态度倾向为"负向"的人，每天一睁眼就开始觉得诸事不顺、心情烦躁、他人即地狱。运动？不想去。音乐会？别叫我。他们不喜欢打疫苗，更不情愿做回收，开起车来横冲直撞。商场推销员也不太喜欢这类人，因为很难说服他们购买新产品。

"负向人"讨厌的事情远不止这些，事实上，他们对事物的憎恶是如此普遍而平等，以至于他们每周做的事比"正向人"少了许多。

实验显示，每天的清醒时间，"负向人"跟"正向人"相差无几。但"负向人"花在"做事"上的时间却明显更少。他们甚至连"不太耗心力的事"都提不起精神——在17类活动中，工作、家务、运动的时间较少也就罢了，连看电视的时间都比别人少是怎么回事？

人是情绪动物。很多时候，你越是喜欢一件事，越会积极主动地去做这件事。1979年的一个实验显示，对"未来两年生子"的态度越是正面，就越可能真的在未来两年内生子（听起来像废话，但这是正经研究）。当然，情绪与行动间的关系非常复杂，有时自责这种负面情绪也会刺激人加倍努力——但这毕竟对身心健康不利，总体来说，还是不值得提倡。

"正向人"喜欢的事情多,但也有缺点——容易分心。"负向人"憎恶的事情多,但也有优势——"去掉一个最低分,再去掉一个最低分,再去掉一个最低分……好吧,只剩这事可做了。"如果"负向人"能找到不恨的事,做起来就会更专注、更坚持,最后有更大概率成为这方面的高手。生命有限,你要用来静静憎恨这个世界,还是用来走过那条"可以忍受的道路"?

# 沉迷双微，你收获的全是情绪

◇韩寒

曾经，有读者留言问，开了不到一年的微博，粉丝数在前一阵子超过了千万，作何感想。同时还问我用不用微信，觉得如何，号码是啥。除了"号码是啥"以外，我的回答如下：

个人觉得把微博粉丝数太当真是一种自欺欺人和自我催眠。别人我不评论，至少我这数目中，一定有不少僵尸粉、莫名其妙粉和不活跃粉。总之肯定有水分。我也不怕自黑，这世上哪会有那么多人真正愿意"粉"你。当然，只要你愿意，只要网站乐意，你把自己的粉丝数目整成多少都没问题。

微博当然有它的好处，它让新闻不再容易封锁，让言论更加自由，在一些非常时刻总是只剩它能用。但同时，它让我们置身虚妄，如果哪天说句什么话或者摘录了个段子转发了几万，你会觉得满大街都在传诵你的名句，赶上个什么事件，人们总是情不自禁投身其中，而且会以为塔克拉玛干里的仙人掌们都在讨论这事。

反正我的感觉是——如果沉迷其中，除了一点点启发和在其他地方也能看到的资讯，你收获的全是情绪；如果你想保持客观冷静，又会在甄别各种消息的真假里花费了太多时间。你刷了半天，觉得知道了不少大道小道消息，第二天全忘了，反倒是和朋友的一次长谈，和家人的一次聚餐，和女儿的一次外出更能触动人。

微博的生态和中国社会其实差不多，千分之一的人本来就有点儿身份和话语权，千分之四的人用心在经营自己，剩下千分之九百九十的人都是草民，风吹草动一地沙子，乐观的草会以为自己是风，悲观的草会觉得自己是沙。至于那还有千分之五去哪儿了……他们正在冒充那千分之一。

现在打开微信的概率的确比微博大不少。朋友圈里也越来越热闹，反正我身边不少属于那千分之九百九十的人都在朋友圈里找到些存在感。好歹能被该看见的人看见，不至于像在微博上那样一直零转发、零评论、被忽略、被遗漏。

在微博上，你要是一介草民，也无心让自己更有名，你说对一万句话往往是没人看见你的，但你要不小心说错一句，很可能被拎出来游街。届时你晒的生活反而变成你的各种困扰。至少在朋友圈里你是随心所欲的。在微博上，你常常要出演一个更好的，更符合他人需要的自己。但随着王朔、白岩松、马云、杜月笙，甚至本人的各类句子越来越多地出现在朋友圈里，我也觉得有些厌烦。

有时候看见一个挺了解自己的朋友突然对着一句挂着我的名字但明显不会是我说的话动情点了一个赞的时候，还挺百感交集的。常能发现一个人以两种面貌出现在微博和微信中，比如今天还看见他在朋友圈赞晚上吃的狗肉火锅，明天就看见他在微博上对吃狗肉的口诛笔伐。这里没什么给腾讯做广告的意思，腾讯也做了不少烂东西。至于其他几个网站的微博，去看了两眼，虽然我也都有"千万"粉丝，但笑笑而过就行了。

我怀疑他们的活跃用户还没我小区的人多。

作为一个写作者，拿着一部非智能手机多走一些地方是挺必要的。我做得还不够多，走得还不够远。人生虽是消磨时光，但消磨亦有道。这只是我个人的想法和反思，有这么多生机勃勃的面孔和美景，希望今年能在两块屏幕上更少耗一点儿时间。这双微虽然都还不错，但不能侵蚀太多我的生活。世界广袤，是中国人就转转。

## 抑郁带给我真正的自由

◇映真

18岁那年,我曾高喊,我要自由,我要恣意而多彩的青春!因为家庭不和、妈妈多次离异给我带来的是自卑与怨恨,我恨父亲,怨母亲,我急迫地想离开那个家。

考上大学后的我如脱缰的野马,为了标榜所谓的"独立自由",我不停地交男友,又不停地抛弃他们;我像对妈妈报复一样,疯狂地享受物质生活;因为讨厌那个家,也为了彰显我已经"自由",我甚至暑假都不回家,天南海北去"流浪"。

原以为这样我就获得了真正的自由与快乐,然而,我不知道,几年的恣意而为给我带来的是千疮百孔。由于滥交,我的身心受到伤害;明明害怕变成妈妈那样,却发现自己在言行举止上越来越像她。我变得受不了自己,当我身心俱疲地回到妈妈的身边,身体的病痛和心理的扭曲让我彻底崩溃。"自由怎么就这么难?我追求自由有错吗?"我常常不甘心地问自己,整个人陷入了狂躁之中。随之而来的是抑郁、焦虑、社交恐惧……那时我25岁。我想不明白,为什么所谓的"独立自由"换来的是如此狼狈的结果?

也许天可怜见,那次妈妈说要带着我去见一位心理医生,我本能地抗拒着。或许是内心中潜意识的希望,我在那天有幸遇到了冯大荣老师。他对我说,"心自由才是真正的自由","人生就像一面镜子,它不停地反射我们的过去,你过去的痛苦就是自由的羁绊"。如果潜意识里全是愤恨、懦弱、害怕,那么意识里再装作和善、勇敢、聪明和表现自由都没用,人生会按照潜意识去发展,那露出海面的百分之一的意识,怎么也无力抵挡海面下百分之九十九的潜意识冰川。

怀着对生活的最后一丝希望,我接受了冯老师的咨询和培训,我发现,冯老师的培训并不是说教或者讲大道理,他是在教我认识人生的真相。在冯老师的指导下,我渐渐觉悟与成长,我承认自己的脆弱,我知道我不想父母离婚,我害怕他们会离开我;我也并不想去游戏厅证明我无所畏惧;我更不想去证明我是个不需要男人负责的女强人;我承认我内心充满恐惧与自卑……当我的内心一点点被抽丝剥茧,看着过去的自己,我为曾经失去的时光失声痛哭。

经过老师一段时间的心理辅导,我逐渐从心理上宽恕了"多情"的妈妈,从内心拥抱了任性的爸爸。在经历暴风骤雨之后,我逐渐看到了雨后的彩虹,身体里坚固的防卫层破裂了,那个至真至纯的我在慢慢显现。

在老师的指导和三年不懈的修心中,我学会了随时觉察自己的起心动念,认同自己的每一个念头,不再跟随情绪,不再束缚当下的自己。如今,我过上了每个平常人都在找寻的幸福、简单的生活,不是说我变得有钱了,功成名就了,而是现在的我拥有了一颗平和的心,和老公相濡以沫,在曾经最讨厌的政府机关上班,每一个同事都喜欢我,因为我用真诚与他们相处;由于业余时间比较充足,我还开了一个精美的淘宝店,丰富了我的生活与钱包。

奇怪的是,当我放弃追逐所谓的自由,把精力放在融化内心的障碍上,我的人生却获得了从未有过的自由。我的成长之路让我真切地体会到人生就是一面镜子,随着潜意识冰川的融化,镜子照射的过去是广博无垠的爱,而明镜投射我的现在和未来,是比天空和大海更宽广的自由情怀。

此时,我30岁,刚好是而立之年。

# 笨是一种怎样的体验

◇戴帽子的鱼

童年的记忆不多，我只记得自己曾经非常非常笨。

笨到什么程度？小学教大于和小于符号，我怎么也弄不清楚两个符号的差别。我知道一个开口朝左，一个开口朝右，但就是分不清谁代表大谁代表小，常常搞混。

我的数学老师是个非常聪明的人，惩罚人的招数非常多，我们全班同学都怕他。我每次上课就跟坐电椅似的，只要他的眼神扫向我，我的椅子就跟通了电一样，电得我大汗淋漓。我上课时满脑子都在祈祷，老师千万不要点我回答问题，千万千万。那时感觉在众目睽睽之下答不出题来是一种耻辱，就如一盆脏水当头淋下。

而且，我也不敢问别人怎么区分大于和小于符号，因为对于别人来说这似乎是很简单的事，朝左开就是大于啊，朝右开就是小于啊，所以我不敢向别人请教，怕别人鄙视我太笨，笑话我。

好多次放学回家的路上，我的心中溢满悲哀和绝望，不断问自己连这么简单的东西都学不会,是不是智力有障碍,是不是人生没有希望,是不是不配拥有美好的梦想。

按教学进度来说,这一章节因为很简单,所以很快就学完了,接下来的内容我学得很顺利。也许因为这一章实在太简单了,所以期中考试和期末考试都没怎么出相关的题目。那一学年的综合排名出来,我是全年级第三名。

没有人知道全年级第三名连大于和小于符号都分不清楚。只有我自己知道,我是一年以后才后知后觉地学会这两个符号,而且一辈子都忘不了学不会的痛苦和学会后的释然。

高中时,我旁边的旁边坐着一个非常用功的女生,长得很可爱,简直就像从日本动漫里走出来的人物。但她总戴着一副镜片厚厚的眼镜,不怎么爱打扮,每次下课也不出去玩,除了上厕所就是在座位上不停地做卷子。听说她每天也睡得很晚,可她的成绩永远都在中游晃荡。每次公布月考成绩的时候,我最关注的不是自己的,反而是她的,真心希望她能够一下子冲上去,希望她能开怀一笑。可惊喜从来就没有发生过。

有一次考试后,我看见她哭了,摘下眼镜趴在桌子上无声地哭,肩膀耸动,没有人敢去安慰她,因为不知道该说些什么。说下次再努力吗?她努力得都快走火入魔了。说运气不好吗?那命运之神是不是从来就没有眷顾过她?她每次拼尽全力却都是得到同样的结果。大家正在犹豫的时候,倒是她很快又恢复过来,吸了吸鼻子,用手背擦了擦眼泪,再戴上眼镜,又抿着唇继续做试卷。

大学的时候,我去给小学生做家教,辅导语数外。他一直不太认真,一会儿给我看他养的小乌龟,一会儿偷摸遥控飞机的控制器。他妈妈走进来吼他:"你这么笨还不努力,以后可怎么办?"

他抬起小小的头，神情幼稚、理直气壮地说："我不是每件事都笨啊，我画画就很好啊。"他拿出他画的水墨荷花，比我画的还要好。

那一刻，我好想穿越时光回到我的小时候，告诉那个因为分不清大于和小于符号而倍感耻辱的自己："没关系，你还可以做其他事。"我也好想回到高中，告诉那个每次都全力以赴、学习仍毫无起色的女孩："也许你不是很聪明，可你比那些第一名更让人佩服。"

聪明只是少数人的属性，如果你没有这种属性，可以成为一个真诚的人，正直的人，单纯的人，勤奋的人，美好的人……

这个世界，可不是单靠聪明就能撑起来的啊！

# 如何治好这"看见别人好就不幸福"的病

◇南仁淑

"爬到高处摔下来的人们都有各自的理由,但是他们在背后遭到某人的嫉妒而身败名裂的情况有很多。我个人认为,90%以上都是这一原因。这个世界旋转的原理与我二十几岁时所知道的原理大有不同。稻子越成熟,头就会越低,这句话并非空谈。知道这一道理之后,我懂得了谦虚。"

这是企业家S的肺腑之言。

在精英男人们当中,有很多人都目睹过因为嫉妒而身败名裂的人,当然也有不少亲身经历过那种悲剧的人。或许正因如此,他们的态度都非常谦虚,而且很少谈及自己的成果。和一个人第一次见面的时候,我们只是随便聊了聊,后来偶然通过媒体知道那个人多么了不起的事情,我不止一两次经历过。

文艺复兴的领军人物,同时又是振兴佛罗伦萨的名门家族——美第奇家族的乔凡尼·德·美第奇给儿子留下了这样的遗言:"不要让别人关注你,要脱离别人的视线。如果一定要现身于众人面前的话,那只去必要的场合。重要的是要远离大众的视线。"

乔凡尼的儿子科西莫·德·美第奇准确地理解了父亲的意思,在为人处世方面他比父亲更加低调。每当他去佛罗伦萨市区的时候,生怕给市民留下不亲和的印象,所以他都不会骑马前往,而是选择徒步前往。

他说:"嫉妒是不浇水也会生长的杂草。"就这样,他在逐渐增多的财富和名誉面前更加低调地处事。所以,美第奇家族把管理嫉妒视为金科玉律,整整统治了欧洲360年之久。

现代已经完全成为一个连普通人都可以炫耀自己的优点,并可以因此变得有名的时代。有的人强烈主张谦虚是美德的时代已经离我们远去了,现在是向别人积极宣传自己的优点才能存活的时代。

然而,此时此刻,还不知道有多少人是因为在不具有能够抵抗嫉妒的能力的状态下,遭人嫉妒而身败名裂了呢。人们对自己无法追赶上的卓越会表现出敬意。然而,在知道对方达不到预期的期待时,那份敬意就会转眼间转变为嫉妒和愤怒。

在拥有美好的东西或具备令人羡慕的能力的时候,要从自己所拥有的小部分开始一点点地将其展现出来。这样才能让那些关注你的人在对你有了进一步了解的时候,对你产生好感而不是嫉妒。千万不要把自己的能力夸大之后表现出来。若想真正提高自己的价值,并长期维持其价值的话,要懂得遭人嫉妒是一件多么危险的事情。

梦想、经历、很不错的女朋友、经济能力……这些都要放在自己的内心,去珍惜和培养。要懂得适当地克制想将它们拿出来炫耀、想让人们羡慕的欲望。要警惕你发布的很少的消息在你周围的人群间流传。现在还很年轻的你若是早一点儿明白这一点,并付诸行动的话,那今后你产生"为什么我会遭遇这种事情"的疑惑的次数就会减少。此外,你还能够朝着你想要走的那条路慢慢地、长期地走下去。

# 心有猛虎，细嗅蔷薇

◇七微

"你下去呀！"

"哎呀，小姑娘，你害怕什么呀，下去喽！"

"喂喂喂，你到底走不走啊？挡着我们了，后面还有很多人等着呢！"

我穿着救生衣，戴着眼罩和插管，潜水设备将我武装得不太方便在狭窄的扶梯上转身去看身后那些七嘴八舌的人。

站在我身后的密友拍了拍我的肩膀："哎，别怕，有救生圈呢，还有教练，不会有事的。来，我们下去。"

眼罩里有水汽，我要努力睁大眼，才能看清楚四周的环境。

这是一片深水区，海水很清澈，我们的船停在这里，几米之外停着另一艘船。

船与船之间漂浮着很多用绳子系在船身上的救生圈，水中已经有好多人，嬉笑声与惊呼声四起。

我深深呼吸，从船梯上跳到水中。

身体触到水时，大脑给我的第一个指令是：这不是浅浅的游泳池，这是大海。

下水前的惧怕再次袭来，甚至更重，我紧紧抓住一个漂来的救生圈，因为慌乱，整个人都东倒西歪的。

我挥着一只手，大喊密友的名字，想伸手去抓她，可两船之间是不太大的一片安全水域，人又那么多，她早就不知被挤到哪儿去了。

眼罩里的雾气更重，我快要看不清楚四周，还有人抢了我的救生圈，我心中更加恐惧，简直快要哭出来了。

四周人那么多，却好像唯独我一人漂浮在海中央。

在我慌乱扑腾间，忽然，有人托住了我的手，将我扶正，然后丢过来一个救生圈，我稳稳抓住。

眼罩里都是水汽，看不太清楚是谁，那人忽然摘掉我的眼罩，放到水里洗了洗，然后让我戴上。

我终于看清楚他，是船上的一个水手，黝黑的皮肤，手臂上文着一串泰文。

我对他说"谢谢。"

他冲我露齿一笑，然后指了指水下面，他说："Go! Beautiful!（出发！美女！）"

我猛摇头："No! No! No!（不！不！不！）"

他摇头笑起来，再三强调真的没有危险，他做着手势，还指了指四周的人。

我看到了，每一个下到大海里的人，在害怕过后，都慢慢地让自己适应了。

他们身体向下,将头浮潜进水下,像鱼儿一样优哉游哉地在水里游弋着。

等他们抬起头来,口中便是"啧啧"的赞叹声,海下的世界,好美啊!哇,好多漂亮的鱼!

那个水手摇着头从我身边离开了,我看见他牵着别的人往更远的海域去了。

我抱着救生圈,有点儿沮丧,也有点儿瞧不起自己的胆怯。

喂,你是来浮潜的,不是到海里来抱着救生圈像个傻帽儿似的乱扑腾的!

我怕水,到什么程度呢?我甚至不敢站在莲蓬头下让水径直从头顶流下来。

我曾在游泳池里试过将头埋进水下,一秒钟就立即冒出来了,心跳加速。

我抱着救生圈发了会儿呆,几乎是忽然地,我将头埋进水里面,不敢有一分的迟疑,我知道,一旦迟疑,我就再也不敢了。

然而我还没来得及看清楚海水下面有什么,就被狠狠地呛了一口水,真咸啊!

喝了一大口海水,却什么也没看到,我不服气,用深呼吸慢慢平复着害怕的心,几乎是带着视死如归的心情,再次将头潜进水里面。

这次,我慢慢地,慢慢地,深呼吸,没有再被海水呛到,嘴里的呼吸声也变得平稳起来。

然后缓慢睁开眼,我看到了清澈的海水里,有各种各样的鱼群游过。

我在水里面待了至少有30秒,浮出水面时,我抱着救生圈,忽然就有点儿想哭，但又像个傻瓜一样笑起来。

对着身边跟我共用一个救生圈的陌生人喊道："哎哎哎，我敢了啊，我敢了啊！"

那个水手不知何时又回到了我身边，他拉过我，没有说话，只做了个下潜的手势，大大的笑容隐藏在透明的眼罩和吸管后面。

我伸出手，OK（好）！

我抛下了救生圈，左手被他牵引着，我几乎毫不犹豫地就将头潜进海水下面，然后伸展着右手，划拉着前进。

他带着我，渐渐游离拥挤的人群，朝着更远更安静的海域而去，我的手由紧紧揪住他到慢慢放轻松，与他十指相扣。我感觉到自己的身体越来越轻盈。

自始至终我的头都潜在水下面，没有上浮过，耳畔忽然就变得特别寂静，只有我们两个人划过水波的声音，以及面罩下我自己的呼吸声。

我静静地、静静地看着鱼群从我身边游过去，看着海下离我很近又似乎很遥远的海草、珊瑚、石头。

这个又寂静又生动的世界啊，我一直一直想要亲临的世界啊，我总算，与你相遇了。

我不知道被水手带了多久，游出了多远，我沉醉在那个奇妙的世界里，把自己交给一个陌生人，竟没有害怕，甚至觉得放心。

"哗啦"一声，天光大亮，我们再次回到了这个喧闹的世界。

他抓过一个救生圈给我抱着，摘下眼罩与吸管，又露出大大的笑容，冲我竖了竖大拇指，然后像一尾鱼一样游走了。

回岛时，我跟密友坐在甲板上，风很大，吹乱了我们的头发，她问我："怎样？浮潜好玩吧？我没骗你吧！"

我被那口海水呛得嘴里至此刻还是咸涩的，我点点头说，此行收获很大。

　　海底那个奇妙美丽的世界当然很迷人，但更令我动容的是，这么多年来，我终于战胜了自己心里那只叫作"恐惧"的猛虎。

　　很多时候就是这样，我们惧怕的不是水，而是自己的心。

# 你越出色，小城市就越不适合你

◇叶克飞

我有一个朋友，不谙世事，不善交际，有一份稳定工作和中等收入。与许多独生子女一样，她在父母的支持下买房买车，一个人住着140平方米的房子，每日按部就班地开车上下班，不知不觉年过三十。也是在三十岁这一年，她放弃了这一切，选择北漂，租房、挤地铁……

当然有人会说她傻，可她比以前开心多了。她离开这个小城的唯一理由是孤独，同时，她又不愿像长辈们所说的那样，随便找个人结婚生子告别孤独——那样的话，也许会更孤独。

在某些人看来，这种孤独似乎有点儿矫情。他们还会搬出"适应社会"这一万能法则，告诉你这是你自身的问题，你要改变自己，释放自己，接触社会，才能有更广阔的圈子。可是，这个说法从根本上抹杀了人与人之间原本就具有的差异，忽略了人的个性。就好比看电影，看特吕弗和费里尼的人跟看《小时代》的人很难有共鸣,你不能强求其中一方迁就另外一方。因为价值观而造成的孤独,无法因为自身的改变而缓解。而且,即使改变,也只能就高不就低,也就是说,你可以让自己变得更好,去适应别人的高度,但无法刻意拉低自己的智商,去迁就比自己更平庸的人。

所以,一个人越出色,小城市就越不适合你。别说那些内地封闭小城了,即使是东南沿海的富庶地区,即使和港澳仅仅有一两个小时的车距,小城市仍然只是小城市,你依然要忍受以下这些事情:同样的杂志和电影,比广州、深圳迟一个多星期上市和上线;你还是得自己开着车跑去大城市看话剧和演唱会;老一辈永远关心你为什么大学毕业了还不拍拖,二十五岁了怎么还不结婚,结婚都一年了怎么还不生孩子;如果你没考公务员,某些人更是会替你痛心疾首;即使是年轻人,也往往早早老去,坐下来就跟你谈赢在起跑线上的孩子经,见到育儿和养生讲座就像打了鸡血;许多你的同龄人,有着高学历和体面的工作,可家里没有一本书,你们永远找不到共同的话题;在事业上,你不能靠创意打动客户,跟人搂着肩膀忍着满口酒臭气称兄道弟干上几杯也许更管用……

有时,我甚至会有这样的错觉:能忍受这些,简直需要比在大城市打拼还要多万倍的勇气。当然,后来我明白了,这不是勇气,而是妥协和懦弱。大城市当然也存在这些问题,但你起码有躲开的概率,如果你有足够的能力,还可以主宰自己的生活。

很多时候,我们都过早老去,然后定义生活。比如认为房子、车子和金钱就代表生活的全部,认为别人也应该这样想,否则就是不成熟不知足,或是以过来人的姿态强调平庸的可贵,把"平庸"等同于"平淡"。可是,许多人未曾想过,你认为好的未必是别人想要的,我们把自己认为好的东西强加于人,未必是关怀,而是侵犯,不管你是否打着"为你好"的旗号。这样的事,在这个国家固然随处可见,但小城市似乎更明显一些,同时让人无处可躲,也无从辩驳。越是没有能力选择自己生活的人,越是庸碌无知的人,越喜欢嘲笑那些有勇气去承受压力的人。

不够现实的乌托邦,总会引来嘲笑。但是,如果你现在二十多岁,你是希望看到一个乌托邦,还是看到自己六十岁时的样子?

长大就是把每一句
"我不会"都改成
"我可以学"的过程。

## 要多有钱才能去旅行

◇骆仪

"别人都以为你很有钱。"我的闺蜜不止一次这么跟我说。

她口中的"别人",不乏有车有楼、身家数倍于我的企业高管、职场精英和阔太。他们眼看着我隔三岔五出国旅行,花上万元购置潜水装备,最多时囤了十几张机票,便觉得我是个小富婆。是的,我还晒过几百万的信用卡刷卡记录,引起朋友圈一阵惊呼,其实,那是印尼盾,相当于人民币一千多块而已。

究其原因,大概是他们认为要很有钱很有钱才能去旅行吧?那么问题来了,到底要多有钱才能去旅行?

如果你有一两千块,足以来一趟一周左右的国内游。搭火车硬座和大巴,住青旅多人间,吃路边摊,我学生时代的旅行都是这么过来的。没花家里的钱,靠着每月几百块的兼职收入,也去了十多个省。

如果你有四五千块,足以去东南亚和印度玩 10 天以上。秒杀廉航大促机票,睡机场,搭红眼航班,东南亚的消费水平其实比国内许多大城市低。一位闺蜜听说我在印度旅行一个月,包括疯狂购物,才花了3000元,大为惊叹:"我在广州都不止花这么点儿!"

然而,对一些人而言,像我这样的穷游算不上什么旅行。"没钱就不要出去浪荡,旅行是享受,不是遭罪!"

对一些有品位的人而言,旅行不光是享受,还是体验异国他乡最美好的东西,比如红酒、鹅肝、鱼子酱,比如躺在冰酒店里看极光。如果因为预算紧张而错过这些精髓,还不如不去。

正如几年前在北京看赖声川的《这一夜,我们在旅途中说相声》,两个男人,一个奢华游一个背包客,都觉得自己的旅行最有意义,都瞧不起对方,富游的鄙视穷游的没见过好东西,不知道好酒店好餐厅的味道;穷游的鄙视富游的太肤浅太拜金,体会不到用双脚丈量大地的身心震撼(具体台词不记得,大概是这意思)。

说到底,旅行到底要有多少钱,要怎样花才算花得值,完全在于每个人的消费观乃至人生观。谁有权定义旅行的意义,谁又有资格指责别人的旅行不是"真正的旅行"?

如今,我不再追求花最少的钱去最远的地方,不再以同样的旅途,花得比别人少为傲,如果旅行前连日加班,我也愿意花一点儿钱住机场酒店,让自己养精蓄锐投入度假。我学会聪明地花钱,密切关注特价机票,避开旅游旺季,同时把钱花在自己最在乎的地方。我可以为了省几欧元车票步行很远,但我舍得花几十美元在百老汇看一场《悲惨世界》;我可以搭红眼航班,睡机场,但我舍得花上万元去潜水。如果我有更多的钱,我也想住豪华酒店,但我现在没有,因为那还不是我最在乎的。

为什么你没有钱旅行?不是你真的比我穷,只是你觉得不值得,你觉得买一件看得见、摸得着、晒得出手的名牌,比潜到海里呼吸几口空气,看一些鱼还不能摸不能吃更值得,如此而已。每个人都是把时间和钱花在自己最在乎的地方,这就叫"任性"。不不,我才不会劝你去旅行呢,请坚持己见。

最后,我真希望江湖上那些关于我很有钱的传说都是真的。

# 我们为什么鄙视内心年轻的人

◇孙未

在欧洲厮混多年,发觉欧洲人的审美观与我们恰好相反。像他们认为旧的房子是优雅的,我们则认为新的楼盘才是体面的。在这一点上,近些年我们正在部分接受他们的观念,可参考价格体系,老房子里的酒吧和餐厅普遍菜单比较贵。但是,如果有选择,我们自己是不会愿意常年住在老房子里的。

对人的审美也是如此。他们认为人外貌上的衰老可以是优美的,人内心的衰老是可耻的。像我在丹麦的男闺蜜六十岁了还骑着单车全城闲逛,写不够出版水准的科幻小说,其实他是个蛋糕店老板。我在瑞典的女闺蜜快七十岁了,打算开始学中文,我鼓励她说,中文这么难学,但是只要你努力,九十岁的时候你就可以读《红楼梦》了。我在意大利的房东,身材臃肿,笑容灿烂,孩子都可以打酱油了,她打算从影,到处应征试镜。

还有两位不是欧洲的。我认识的加州大叔六十六岁高龄,得了癌症大难不死，计划在大学里念个人类学硕士压压惊。其实他很多年前就已经是终身教职的文学教授了。还有另一位纽约大叔七十四岁了，前些年他辞掉终身教授的教职，出来创业，开了一个私人咨询公司。按中国人的逻辑，为什么不能留着这份好工作，再业余偷偷做点儿小生意呢？

没错。中国人的标准恰好相反。人外貌上的衰老成为一种罪恶，能掩盖就掩盖——说心里话，其实没有比亚洲人在地球上看起来更不显老的人类了。但是内心必须是一位彻底的老人，这才符合中国式审美。如果哪个孩子被夸赞，那肯定是因为他有一副四十岁男人的表情，说话比他爸还老成。如果哪个人被称作成功人士，男人肯定是凡事不温不火，中庸稳妥，女人肯定是趾高气扬，说起话来有一股好为人师的气势。

如果哪个人胆敢表现出天真烂漫，对周围的人与事充满好奇，乐于尝试新事物，不耻于经常提问，过了二十五岁还在学习新知识，那么他被同事、领导、餐厅服务员等身边所有人轻视的可能性会达到百分之九十九。他还想要升职吗？对不起，再够格别人也想不起他来。

我有一位师友曾与我讲起她的婆婆，六七十岁开始学法语，不久果然能阅读法语原版书。这是知识分子的快乐，她与我们一样热爱阅读。但是如今知识分子的概念也不一样了，必须"公共"，必须出得厅堂，会教育人，会吵架，该麻辣的时候麻辣，该理智的时候理智。我总是诧异，他们这么忙，还有时间看书吗？

不放弃自己的人生只有一种，就是继续成长。放弃自己的方法却有一百零一种。诸如养生，绝对有中国特色的全民老年文化。诸如美容减肥奇招，这基本上就是广场舞的室内版。诸如执着地送孩子去上遍各种课后班，放弃自己人生的不安也就消失了吧。

　　很多个夜晚，我思量着大家为何如此排斥一个内心年轻的人，我曾以为这是一种莫名其妙的鄙视，因为不会装而被认为无价值，后来我意识到，其实这是一种恐惧，是所有未老先衰的人对一个充满无限发展可能的异类的恐惧。

　　那么这就好办了。对于内心依然年轻的人们，众望所归，大可任选一种让别人觉得不再有威胁的方法。诸如成为一名吃货，这就是我放弃自己的方法，把梦想寄托在食物上的人是安全的。有一天去听讲座，我把"禅"听成了"馋"，自从这个故事传开以后，我爱听讲座的习惯就不再被鄙视了，真的。

## 自己不自信，才会对别人又骂又嫌

◇刘威麟

最近一位叫小芳的朋友，总在抱怨她的男朋友。

"他哦，不及我前男友的二分之一。"她生气地说，"约会的时候，不帮忙开车门。"

大家静静地听着。

后来，这位被小芳嫌得好像窝囊废的男朋友，加入了饭局。

一起用餐，相处了一个小时，我们看到的却是这位文质彬彬的绅士如何殷勤地照顾小芳，看起来简直就是"Mr. Perfect（完美先生）"。

饭后，男士先去取车。

小芳见他不在，又开始嘀咕，她的男朋友，怎样怎样……

这时候，一起吃饭的一位学姐终于忍不住突然开口。

"其实……我们都觉得你男友还不错哩。"她说，"而且，如果我没记错的话，你的前一任男友，也是被你说得一文不值！"

这位个性有点儿像男生的学姐本来就非常直爽,我听到这里,冷汗冒出来了。

"我猜想,是你太没有自信。"学姐说。

"这……和自信有何关系?"小芳不悦地问。

我们见气氛不太对了,准备开口打圆场,没想到学姐继续说。

"当然有关系啦,亲爱的。"学姐说,"我猜想,你一定是在一个没有什么称赞的环境中长大的。"

此时,气氛降到最低点。

学姐还继续说。

"你会常常说别人很差劲,主要是因为你自己小时候,就常被说得很差。"学姐说,"但你,却因为现在继续不断地抱怨、不断地批评人,有可能……有可能……"

我注意到小芳眼眶竟然红了。

"有一天,"学姐一叹,缓缓地说,"失去了一些好的缘分。"

小芳落下眼泪的同时,我确信,学姐讲的话一定是有几分正确,因为小芳此时专注地看着学姐——而且我突然想起来,小芳之前换过至少三任男友,以及五六份工作,每一个男友和工作都被她描述得非常之糟糕。

"当我们对人生不满意的时候,我们最应该练习的是什么,你知道吗?"学姐继续说。

"那就是——'自信'。"

这下小芳没有反对。

我也觉得,真有道理!

你见过那种常常骂人的主管,那种常常在对店员抗议的买家,或是永远都觉得你做得"不够好"的长辈吧?

注意,有问题的不是你,而是他,因为他自己本身"自信不足",并且无法改掉多年来学到的习性,必须不断抱怨、不断嫌弃。

这时候,你只有一个方法来对付,那就是以"更高"的"自信"去面对他!

对人生不满意的时候,最需要练习的就是"自信"。看起来是不相关的东西,它的关联性,却藏在你看不到的地方。

今天,就可以开始。

# 这是一个最好的时代，
# 也是一个最好学的时代

◇佚名

别人说，年轻人遇上一个最好的时代，旧有游戏规则在瓦解，看上去每个人都有机会，草根都能逆袭。但成功不是随随便便的事，在挫折或者外界的质疑下，我们焦虑、躁动、迷惘，甚至迷失，我们该如何是好？

我们一天到晚都在刷微博、看微信、发动态，社交网络下成长起来的新一代人，无时无刻不在晒自己，同时窥视着他人。于是变得非常矛盾：一方面标榜自我的独特个性，另一方面又极度需要获得他人的认可。

我们变得敏感：对外部世界的评价杯弓蛇影；变得迷茫：陷入对他人展现出来的生活的羡慕嫉妒之中；变得脆弱：经受不住孤独与痛苦的考验；变得焦虑：认不清到底何谓更好的未来。我们该如何是好？

这本身就是一种病。

这是一个最好的时代，也是一个最坏的时代。最好能好过蒋方舟，最差能差过吴秀波吗？

从小被誉为"天才少女"，7岁写作，9岁出书，12岁开专栏，被清华大学破格录取，刚毕业就被《新周刊》聘为杂志社最年轻的副主编，但即便年少成名，成长路上就真的没挫折、不敏感吗？

不，年少成名并未给她带来坚不可摧的外壳，相反，这让她更早地开始在意外界的议论和评价。她也跟普通少女一样，稍微一发胖就惶恐，但是，人生苦短，人总不能活在外界的声音和眼光里面。太敏感是种病，它会毁了你的整个幸福。

无痛不人生，关键是你是否痛得起，输得起，真正的强者不是没有痛不能输，而是输了痛了更加坚强。这是抗敏感青年的范儿。

最坏能够坏过吴秀波的处境吗？你也许不赞同，因为你看到的是功成名就的吴秀波。

而之前40多年，那个笑称"三百六十行干过两百行"的吴秀波你没有看到。

得过绝症，丢过铁饭碗，酒吧驻唱，下海经商，开过7家餐厅，做过酒吧、美容院、服装店，给人做经纪人……一路折腾，周遭的冷言酸讽自然少不了，甚至有人断言他再也回不到那个舞台了。

但不管坐多久的冷板凳，他却从未放弃过自己的梦想。他一直相信：无路可退，便只能一往无前——"其实最重要的是走路，不管它是直路也好，弯路也好，最重要的是要走。我并不觉得直路走起来就幸福，弯路走起来就难过，每段路都有它特定的风景"。吴秀波如是说道。

　　逆境中的一小步就是最重要的一步。一切非议和挫折只是说明未到收获期而已。

　　一个万千少女少妇眼中沉静睿智、张弛有度、泰然自若的男神吴秀波。人们总是乐于赞扬每一个大器晚成之人，却不知道，大器晚成需要等得起，更需要守得住，尤其当你面对社会上某些病态事情时。有人问药方，就是保持年轻，做一个抗敏感青年。

　　走过很多路，听过很多道理，却依然做不成抗敏感青年。Why（为什么）？要么太自我，要么太不自我。

　　哪来那么多风雨，那么多敏感？坚守初心，便是晴天。

## 你需要的是信仰，不是旅行

◇K_shot 下午茶

前几天见了一个朋友，聊起了西藏。他说："我特别想去趟西藏。现世江湖混得我特别累，相信去了西藏，一定能找到一种超脱。"我大笑道："哥们儿，别去了。没用！"

很多人喜欢把旅行当作救命稻草，可谁知"救命稻草"这个词本身就是个谬论。传说它的出处有二：一是说一个人溺水了，抓到了一根稻草，意念上觉得是抓到了陆地，就靠意志游到岸边活了下来；二是说那个人靠着稻草的空心呼吸，最终等到了他人的营救。不论哪个，时间长了都救不了命。旅行，其实也只是给了你思考人生的时间罢了，改变不了命运的。

我承认，我是一个有西藏情结的人。从很小很小的时候开始，登上珠穆朗玛峰就成了我的终极梦想，到现在我也一直认为，死也要死在珠峰上，给后人做路标都好。一年前，我也和我那个哥们儿一样，深信西藏是世间最后一片净土，是最接近神明的地方。去过西藏之后,我坚信西藏拯救不了谁。可是,我却更爱西藏了。

西藏,是天堂也是地狱。

过了唐古拉山脉,看见雪山的一刹那,我欣喜若狂。天是那么蓝,云是那么白,水是那么清澈,这不就是天堂吗?拉萨河的日落、珠峰的星空、羊湖的妖娆、山南河岸里的沙洲……睁着眼睛的时候,让你不能不相信这里就是天堂。

那些深信西藏是天堂的人,往往都是外人。他们来了,走了,看到了美景,膜拜了神明,就够了。

我很幸运,跟我一起去珠峰的人中有一群援藏的医生,跟他们攀谈后,我开始相信西藏也是地狱。由于长期缺氧,心脏承受很大的负担,西藏当地人的平均寿命比低海拔地区的人要短。由于交通不便,物资严重缺乏,很多人生了病,却没有医生、没有药来医。

我们在卡若拉冰川的时候遇到了两个小姑娘,她们过来问我说:"阿姨,你们能不能把冬天不穿的衣服寄给我?我们这里买不到好的衣服。"

我总觉得西藏,是神用来测试众生的地方。因为身处困境,你才会去相信;因为相信,才会满足感恩;因为感恩,才终究能和心魔和平相处,从而幸福。

西藏既是净土,也是俗世。

很多人相信西藏是净土,是因为这里的信众。他们对神虔诚的信仰,在某个瞬间总能影响你,让你也有片刻相信希望。我住的客栈就在大昭寺旁,早晚没事的时候,我喜欢去八廓街坐着,看藏民转寺。有的藏民跋山涉水而来,磕等身长头,一步一步都转得很认真,更多的是拉萨本地人,跟例行公事一样走得很快,跟朋友聊着天,念着经文,10分钟转完了赶快去上班。日复一日,年复一年,不论快慢,他们都会来大昭寺或布达拉宫朝拜。信仰已经成为他们生活的一部分。混在这样的人流中,就算你不信,也是平和而幸福的。

最近在大学社团的群里看到很多小孩儿毕业不到一年就在考虑"间隔年",说是工作太累了或者觉得生活状态不是自己想要的,所以想出去走走。我在旅途中遇到过很多这样的年轻人,可是他们回来两三年后,该找不着工作的还是找不着工作,该没有方向的还是没有方向。

对于迷失自我的人,旅行能够给予的,只是逃开旋涡,获得暂时的平静和更多的思考时间,并不是解决问题的根本方式。

就像你遗失了灵魂的时候,你需要的是信仰,不是西藏。

# 你什么都没有,凭什么要求岁月静好

◇十年后

我有一个朋友A。大学时我们一块儿去听讲座,提问环节被抽中提问的人有机会获得特别棒的奖品。主持人话音刚落,就有一大片手高高举起,只有她举着手"唰"地一下就站了起来。

让人始料未及,但主持人笑着点点头,场务立刻递来了话筒,她利落地提问,也顺利地拿到了礼品。

讲座结束后我问她为什么,她说:"因为我知道不会有人站起来,我如果这样做,机会就会是我的。"

我还有一个朋友B。朋友圈里的她常常晒着最唯美的照片:穿着宽松的长裙,坐在自己开的客栈,喝着咖啡,看着老书,文艺清新、岁月静好、与世无争。

有一天,许久不联系的B突然跟我借钱,一开口数目还挺大的。

我和她一样,不过刚毕业一两年,哪能突然拿出那么多钱?问起她怎么了,她又遮遮掩掩起来。

过了一会儿,她终于承认,开的客栈已经欠了不少钱,而客栈始终冷冷清清、入不敷出。

我骂她傻,一直亏本的生意也做。混不下去了随时可以回来,我们帮她一起找份工作,好好攒笔钱。这在现在的社会也不算难,做点儿兼职、投投稿什么的,三五年也够了。那时候再去过打马天涯的生活也不迟。

"不太好吧,"她在电话里底气不足,"职场里太多钩心斗角了,我不是很喜欢。"

我告诉她,职场并没有那么不堪,而且这就是生活的本来面目啊,总归要面对的。

但她一直强调自己想要不争不抢,想要慢悠悠煮开的咖啡和慵懒的白猫。一说到借了钱之后如果生意还是不好,那要怎么办,她却仍是支支吾吾。

我们说了很久,也没个结论。

后来挂了电话,再打开朋友圈,恰好看见A晒出了自己获得的微软金牌员工奖。对啊!她是工科女,毕业之后就进了微软。

她被送去美国培训,在白宫附近散步,在纪念碑的长椅上吹风发呆;她经常学一些料理烹饪,逛街花自己的钱买自己喜欢的衣服,和男朋友还有同事打打羽毛球。

想起大一时的她,从小地方来,穿着我们都爱买的穷鬼气质爆棚的淘宝同款,但带着一脸乐观的笑容,坐在阶梯上背六级单词。

她偶尔也在朋友圈里晒图,写一些清新的文字,可我能看到,那是一个鲜活的、朝气的、努力生活的女孩。

我得承认,我更认可A的这种岁月静好。

不知道从什么时候开始，那些在朋友圈里疯狂转发的鸡汤文强调着女孩子"这一生要来一场说走就走的旅行""一定要去一次西藏或云南"，说着"所有的财富、权力都是过眼云烟"，要做就做一个"岁月静好、与世无争"的人。

这些文章毒害了一大批类似B这样的女孩子，让她们误以为岁月静好就是这么简单。

可是这样的岁月静好，只不过是一个假冒伪劣的粗糙产品。

你的"岁月静好"，没有岁月。

你才多大呢？二十几岁，没有在职场里大展拳脚，没有为梦想一意孤行，没有看过、品过生活的艰辛。你的岁月薄得像一张纸。

你却说自己知道工作，了解梦想，熟稔生活，非要用铅般重的笔在薄薄的岁月上刻写，非要把这层本就脆弱的纸写得千疮百孔、惨不忍睹，还得强颜欢笑说自己很好。你还没有登过山，为什么就说山上一片颓凉？为什么就说山顶毫无风光？你的"岁月静好"，更没有静好。

你刚刚大学毕业，家中的父母希冀着你的腾飞，而你却说想要与世无争，二老的失望能否让你继续"静好"？你或许遇到了你的意中人，你的意中人或许也不过是初入社会，他一个人能否承担起两个人的生活，而你又能否"静好"地看他辛劳？又也许你孤身一人，家境寻常，不争不抢的生活也让你有吃有喝，不过是看一场话剧、听一场演唱会或是穿一件心仪的衣服就会让你反复规划起支出，拮据的生活能否让你依旧"静好"？

你看到了，现在"文青"成了一个贬义词，这让人心酸，却也无奈。

因为从前的文青是在形容一批多么美好的人，张爱玲、席慕蓉、杨丽萍……每个女子都经历了无数起起落落，阅尽沧桑，将毕生的阅历化作笔尖的故事，在努力成为自己之后享受岁月静好，让人敬佩。

这样的文青和岁月静好不应该被批评。

但当人们把文青当作标签，当作棉麻衣物，你穿上就以为成了文青；把岁月静好当作一大堆小清新的照片，发一批磨皮后的美图就以为岁月真的静好了。这才是一场骗局，只是逃避了真正的生活。

回忆起那个勇敢争夺自己心仪事物的A，我想她更会明白什么才是岁月静好。她很清楚自己的目标，并一直在为之努力。在这个过程中，她认清了谁才是真正对自己好的人，而谁又是人前人后各耍一套的小人。她奔波在各大小区中看过房比过价，也曾与男朋友窝在小小的出租屋里一同煮着萝卜白菜火锅。她曾带着父母在自己所在的城市里参观游览，也曾在冷风中忍着眼泪笑着对电话那头说自己过得很好。她从一个青涩的学生变成了一个成熟的社会人，她是一个体贴的女儿，也是一个善解人意的伴侣。她尝试过、奋斗着、努力跑，所以她看过了好多不同的风景，品过了好多不同的滋味。

我说，她和我们一般大，可是她有"岁月"。

在那段刚刚毕业的艰辛日子里，她却总是能在节日时依旧开心地给我们打电话问好。一起去异乡坐着火车硬座，一天只吃一盒泡面时，她一边"刺溜刺溜"地吃，一边感动地说着这次的调味料特别足。

而现在，她离自己的梦想越来越近，身家仿佛与我们越差越大，却依旧会在深夜里陪我们一起吃路边的烧烤，依旧会在六月回到母校时感慨不已,依旧不介意一边徒步走一公里的路程一边聊聊天。

在月光下,她毫无怨言的脸恬静、美丽,在积淀的成熟中依旧保持着一份天真、单纯。这样的她,让我真心觉得如此"静好"。

年轻的你啊,请仔细想一想,你喜欢的那个岁月静好,是否只是表面的光鲜亮丽?你是否只是在掩盖你身上的软弱和懒惰?

如果不是,那么恭喜你,你能够在二十岁的年纪体验四十岁的智慧和生活,这多么难得。

但如果是,而你为了维持它,或许比去争去抢还要艰辛,更获得不了你想要的沉静和智慧。又或许,你这么羡慕和热爱岁月静好,只是为了逃避真正的生活。

那我不会恭喜你,更不会羡慕你,因为我已经看到十年、二十年后的你,已经在庸庸碌碌里迷失方向,一无所成,再也学不会直面生活。

其实啊,你要经历了沉浮、学会了生活,才知道岁月的滋味;你要顶得住压力、养得起自己,才知道在岁月里如何静好;你还得在磨砺中不忘初心,才能在岁月里一直静好。

别再听信鸡汤,别再软弱懒惰,要知道,连生活本身都不敢面对的人,那不叫岁月静好,那叫不负责任。

# 接受现实是解脱的开始

◇吴淡如

不久前,有一位朋友在健康检查后,发现自己的胸部有了恶性肿瘤。之前的一年,她承受了很多灾难。

她的父亲患脑卒中、兄弟因车祸去世,然后丈夫有外遇,要求分手。

也许内心负荷过重,因而影响了健康,她比我成熟得多。

医生在手术后告诉她:状况没有想象中严重,不需要痛苦地化疗——她才欣喜地告诉我,算是老天饶她一命,帮她庆祝一下吧!

她才三十多岁,看待命运竟然如此平和。当我听到这个消息的时候,已经是她认定自己"苦尽甘来"的时候了。

我问她为何能够在遭遇那么多变化后,还能平静如昔。

她说:"我并不平静,我也问过老天——为什么是我?但我知道,这时哀号无益,是我,就是轮到我!"

她在一家投资公司工作多年,她说,还好,过去看过股票崩盘——在所有专家都看好时，股市忽然重重摔下——这一摔使她失去过去十年辛苦工作的积蓄，曾使她痛苦万分。

但若不接受现实，又能怎么样呢？

不断下挫的大盘指数，是现实，不可以逃避，越逃伤得越重，只好断头杀出，留得一点儿存款。

幸好她这么做了。

以前想来，那是祸，否则她早已是亿万富婆。现在想来，那是福，使她明白她必须在最短时间内采取止血行动。

听她这么说，我为自己曾经忽略朋友感到十分愧疚。

但仔细思考她的话语，我也有相同的领悟：可不是吗？我看过背叛，我看过欺骗。

我也曾被口口声声说最爱我的人重重地伤害过，然后发现自己固执得很愚蠢。

这些事情都曾使我感觉自己面临世界末日——当时都觉得老天爷对不起我。

我这么努力，自己的所作所为似无瑕疵，为什么还会判断错误，还会这么倒霉？

往事不必再细数，然而这些经历让我明白，与其怨天尤人，不如接受现实。告诉自己：是的，这已是事实，那么你想怎么办呢？

唯一的方式只有接受现实，然后想到，自己是不是有能力离开这样的现实？

而人生，总在接受现实后有了新的起点，才会静静地开始。

这是这些年来我所学会的最重要的事。活在现实，接受我们不愿接受却已经发生的事，就像接受比我们巨大几亿万倍的冥王星也可能不是大行星的事实。

深深地吸一口气接受现实，多么容易，又多么艰辛。相信疤痕会痊愈，相信时间的疗愈力，相信自己还可以有小小的努力。

相信我们所不愿承受的一切毕竟已经来临，然后，我们才能跟自己内心里受伤的灵魂交谈，和全世界握手言和。

因为接受了那原以为不能接受的事，我们的视野才更宽广，破茧而出的力道也更强壮。

# 别丢了职业就没了一切

◇钟叔河

听说普京爱练柔道,老布什喜欢跳伞,古希腊的奥林匹克竞技,只有像这样的业余运动员才能参加。这些平民或贵族定期到奥林匹克比试一番,争个彩头,然后各干各的营生去。他们参加竞技,全是为了娱乐自己,绝不是为了金钱。那种为了娱乐别人,目的在于金钱的卖艺人(今称职业运动员),则根本无资格参加竞技,更无资格戴上月桂叶编成的冠冕。

文学创作也一样,曹操写"对酒当歌,人生几何",陶渊明写"种豆南山下,草盛豆苗稀",何曾收入"五铢""半两"?曹雪芹"著书黄叶村",维持生活还得靠扎风筝卖,何曾有什么"创作条件"?如果他们成了"职业作家",下笔时得看汉献帝、刘寄奴、清乾隆的脸色,又怎能有《短歌行》《归园田居》和《红楼梦》?

做学问也一样,陈寅恪在哈佛大学对吴宓说过,"决不可倚学问以谋生",要做学问必须"另求谋生之道":"做官以及做教员等,决不能用我所学,只能随人敷衍,自侪于高等流氓,误人误己,问心不安。"(见吴宓日记)事实也确实如此,陈氏后来以教书为职业,在院系调整、教学改革中"只能随人敷衍";他考证钱(牧斋)柳(如是)因缘,"推寻秋柳枯兰意,刻画残山剩水痕",则完全是业余研究。若不如此,而是先列规划,编预算,讨经费,搭班子,决定哪位书记来领导,再配些女生来当助手,三卷本的《柳如是别传》只怕未必能成。

做官也一样,最好也不要取代原来的职业,不要考上了公务员就一世为官,吃官饭穿官衣,死后还要守在"革命陵园"里,按省、厅、处级排队。看人家的国务卿赖斯,本来在大学里当教务长,共和党下了台,国务卿当不成,回大学去干老本行就是。德国总理默克尔的职业是物理学教授,业余有兴趣参与政治,出来竞选,选上了就干一届,下一届选不上又可重执教鞭,仍然轻车熟路。

外国的情形如此,中国古时亦是如此。宋朝贾黯廷试第一,马上要做官了,去看望宰相杜衍(祁国公),杜衍不问他别的,只问他的"生事",即他的职业和收入。贾黯"怪之",曰:"黯以鄙文魁天下而谢公,公不问,而独在意于生事,岂以黯为无取耶?"杜衍解释道:一个人如果没有职业和收入,靠做官弄钱,就容易出问题,"君名在第一,则其学不问可知;其为显宦,则又不问可知,衍独惧其生事不足,以致进退之轻,而不得行其志焉,何怪之有"。清人陈其元在《庸闲斋笔记》卷八《官方与生事之关系》条中记下了这一节,又记云:"司马温公为相,每询士大夫私计(家庭原有资财)足否。"人或不悟而问之,公曰:"倘衣食不足,安肯为朝廷而轻去就耶?"

像赖斯和默克尔这样的人,职业收入远高于当官的收入,故能"轻去就";当官是为了"行其志",不当官也没什么了不起。我们的郑板桥"七品官耳",因能以书画为职业,才能在贪渎的长官面前硬起腰杆子,"闲来写幅青山卖,不使人间造孽钱",吟着自家的诗句浩然归去。不像有的官员除了做官别无能耐,有官做便有了一切,不做官便没了一切。

# 努力是唯一出路

◇郭敬明

这个世界并不是公平的,你要学着去习惯它。

世界上有人一锄头下去,就挖出了钻石;也有人辛苦地开山挖矿,最后一声轰然巨响,塌方的矿坑成为他最后的坟墓。

那天在上网的时候,看见一个帖子,里面在讨论我的作品和我的生活。里面很多人跟贴,一共有一百多个跟帖,看上去特别热闹的样子。

他们的讨论分为两个部分。

第一部分是:我以前很喜欢他的作品,尤其是他写的《夏至未至》《爱与痛的边缘》,那时的小四多么纯真,有单纯的校园梦想,有简单的学生生活,他和朋友在学校门口喝一块钱的西瓜冰。你看看他现在,充满物质,他已经不再是以前的他了!小四,不要变啊!

我也想要永远都躺在学校的草地上晒太阳,我也想要永远喝着一块钱的西瓜冰而不会有任何失落,但是这是不可能的,因为我的生命里,再也不会拥有另外一个十七岁了。

我也曾经尝试过打车去参加一些活动,接待我的人,亲切地对我热情地微笑。然后到后台的时候,他们和别人分享他们的喜悦:"我和你说哦,他穷酸得连车都买不起吗?"

锋利的社会像一把刀,当它砍过来的时候,你如果没有坚硬的铠甲,就等着被劈成两半。

他们讨论的第二部分是:他的钱还不是我们买书给他的钱!要是没有我们买他的书,饿死他!他能穿名牌吗?真是对他失望!

小时候,在银行工作的妈妈因为多数给客户一百元,而被罚了赔偿,并且额外扣了一百元工资。在那个我妈妈月工资只有一百二十元的年代,妈妈流了两个晚上的眼泪。

在我大概七岁的时候,爸爸买了他人生里第一件有牌子的衬衣。他站在镜子面前,转来转去地看着镜子里气宇轩昂的自己。

这些都是和钱有关系的,钱带来了开心,也带来了伤心。

这是我看到第二部分的心情,好像他们在看我的小说的时候,并没有享受愉快的阅读过程,似乎我的故事从来都没有给他们带来过感动和思考。

我觉得,自己像一个乞丐。因为只有乞丐,才会听到别人对他说:"要不是我给你钱,你就饿死了。"

在和妈妈通电话的时候说起这件事,妈妈很气愤:"你不要理睬他们。你光明正大地赚钱,天经地义,而你辛苦地写书给他们看,还要受他们的侮辱?"

我在电话里和妈妈说,这没什么。挂掉电话之后,我洗了个澡,然后继续写《小时代》的结尾。

这是我持续没有睡觉的第四十九个小时。出版社的截稿日悬在头顶,我看了看电脑右下角的时间,两点十分,然后继续开始工作。如果从楼下的草坪望上来,可以看见我房间孤独的灯,亮在一整栋漆黑的楼里。但是,他们不会看见的,他们这个时候,正在享受甜美的睡眠和梦境。他们看见的,只是你清早提着LV(路易威登),走到楼下,司机拉开车门,你坐进去的背影。他们嫉妒的眼光把你的后背戳得血肉模糊。"要不是我们给他钱,他早就饿死了!他凭什么穿名牌?"

我明白你对这个世界的巨大失望。因为,我也一样:

# 如今我们还需要大学室友吗

◇［美］大卫·R.威勒

斯宾塞·基斯林在南卡罗来纳大学读大一时，曾有糟糕的宿舍经历。于是，当转学到南印第安纳大学时，他要求自己住一个单间。"自己单住的最大好处很明显——保护隐私，"如今已是大三的基斯林说，"而且，当我急需完成作业时，独住让我更容易集中精力。"

像基斯林这样的学生，想要更多个人空间，避免糟糕的室友经历，单间是一条解决之道。大学宿管说，这叫"超级单间"，即足够两人住的房间，仅给一个人住。这是大学设施"军备竞赛"的自然结果——竞相修建更多空间奢华的设施。"超级单间"迎合了越来越多愿意买单的学生。

一些公立和私立大学都在提供单间宿舍。北爱荷华大学就把一栋传统双人间宿舍楼改成了单间。该校住宿部执行部长葛林·格雷说，单间选项是我们吸引转校生的特色，我们越来越多的新生都是转校而来的。

单间仍未普及，但如果这种趋势蔓延开，未来的美国大学生都开始期待享有单间的话，四年的大学住宿经历将从此大不相同。失去大学室友的长期后果会怎样呢？

"我认为没人质疑单间宿舍改变了且仍在改变着大学的社交活动，"基斯林说，"住单间，你会很容易切断社交生活。如果你一下课就回宿舍，你永远不会认识新的人或享受课堂以外的其他经历。"

"学会有效与人沟通是成年人工作和生活成功的一个核心因素，"迈阿密大学教授玛古达说，"在今天这个复杂的社会里，一个人必须批判性地思考，多维视角地评估，平衡个人和他人的需求。"

很多与室友成为终生朋友的人也认为单间宿舍的趋势不妙。2001年毕业的哈里·弗兰肯菲尔德说："作为一个独生子，宿舍生活帮我学会了如何与人相处。由于我与室友的友谊，我觉得我（在与人相处方面）还挺正常。我必须学会克服冲突，学会为别人的成功喝彩。"

毕业后，弗兰肯菲尔德与室友远隔千里，仍保持联系，像很多大学室友一样，参加了各自的婚礼。他们每月还会通话两次。他认为那些从未有过室友的学生不仅会失去建立友谊的机会，而且会错失一次特别的个人成长机遇。"我需要学会不那么自私。这种经历对我的婚姻、职场和通常意义上的人际关系也有所帮助。有室友是件好事。"

学习不同的文化、打破成见，这是我们通过室友可以学到的重要一课。但学会与人共居一室，也要克服很多现实困难：室友打鼾,或者晚上喜欢开着窗,或者太邋遢。"室友就是教我们学会包容、适应,"社会学家康利说,"在这个日益按需定制和数字化的世界,没有太多可以提供这种社交经历的活动了。"

即使是拥有了单间宿舍的基斯林,也建议在大学里至少跟人合住一次。"我仍相信这种大学经历的各种益处,"他说,"这会帮助我们习得一些重要的人生技巧,即便你没有与室友结成友谊,冲突管理的经验也会在未来帮到你。"

## 不要为了讨好男神而放弃你的小宇宙

◇投我木瓜

前两天半夜接到朋友电话,她说:"我就知道你没睡。"我说:"你等等。"然后我离开电脑,去冰箱拿了瓶啤酒,准备听她讲故事。

朋友讲了一个关于初恋的故事,准确地说,是和初恋告别的故事。

从高中时代开始,朋友就是个很另类的女生。她喜欢听摇滚乐,对所有摇滚乐队的历史如数家珍,还会利用早读的时间背诵自己喜欢的英文歌词。她朋友很少,但她很快乐,她有自己的小宇宙。

她初恋的男生没什么特别的,是每个女孩心中都有的那种长相英俊的学霸。那天放学,她戴着耳机在走廊等人,暗恋许久的学霸走过来,微笑着递给她胸卡。他们高中每个学生都有一张印着大头照和学号的胸卡,有它才能进学校,所以胸卡对他们的重要程度如同自己的分身。

朋友回忆说,她接过胸卡的瞬间,一道闪电击中了心脏。

学霸恰好也在等人,和她一块儿站着。她很紧张,不知道该说什么。学霸让她分给他一只耳机,她把两只都给了他。学霸听了会儿,脸色变了,说了声"谢谢"就走了。她纳闷地塞上耳机,男人尖锐的嘶吼震慑了她。她忘了她在听的是很少人能接受的摇滚乐。

想到学霸还给她耳机时嫌恶的眼神,她就很想哭,热爱了好几年的摇滚乐,说不听就不听了。

据说学霸喜欢长头发、笑容灿烂的女孩。她拿出胸卡来看,照片里的女孩剪着男生头,做着摇滚乐手常见的面瘫表情,和学霸喜欢的那种女孩完全沾不上边。她不爱长发,也不喜欢大笑,但为了学霸一一改正。

高二分班,要换新胸卡。她坐到摄影机前,摄影师说:"同学,你是第一个我要提醒不要笑的女生,太夸张了。"她这才收敛,把大部分笑容挤进了眼里。

拍出的照片很漂亮,温柔无害的模样,完全没有了当初的小宇宙。

此后她的生活变了,收到很多情书,老师也比从前更关注她,但她并未感觉开心。她不喜欢现在的自己。

转眼毕业了。他们有毕业互赠胸卡的传统。为了让学霸注意自己,她打算做最后一次努力,她跑到学霸家门外,将胸卡挂上去,按下门铃,跑到一边躲起来偷看。

学霸家的门被打开,那个英俊依旧的男生拎起胸卡看了看说:"这个长得还不错呢!"门内传来戏谑的声音:"集齐十个要请我们吃饭啊!"学霸笑着答应,将胸卡丢进门口一个装过期杂志的纸箱子里。

　　那一刻对她来说是极其荒谬的。她努力几年,变成自己不喜欢的样子,得到的却是这样的下场?

　　她去箱子里捡起所有女孩的胸卡,带着它们一起离开。路上看到有人卖氢气球,不知道怎么想的,她一下买了十几个,走到一个僻静处,给每张胸卡都绑上三个氢气球。阳光下,女孩们微笑的脸不停旋转、飘远,她在她们当中找到了曾经懵懂无知的自己。

　　我们总要经历一次才明白,为了得到别人的喜欢而变成自己不喜欢的样子,注定是悲剧结局。一旦认清,就要立即抽离。

　　后来这位朋友一直留短发、穿黑皮衣、极少笑,这样不近人情的样子却很得老板器重,朋友也都很信任她。唯一的缺点是没有男人缘,但她不在乎,依然潇洒。

　　我挂上电话后一直在想象那个场景——那个高昂着头与自己美丽却苍白的笑脸对望着,眼中闪烁着诀别目光的女孩,美得像一首诗。

很多时候,不是你不够好,
而是你不是在最好的时间
里,遇上最对的那个人。

## 技多压身,请专攻

◇张颖昇

  我大学时候学的是英语专业,和很多同学一样,我对未来充满迷茫,不知道自己以后该如何在职场发展。

  因为英语只是一门语言,它的作用仅限于交流,很多非英语专业的人都能够比较熟练地掌握这门语言,都能够很好地用英语交流。

  为使以后的路子更宽阔些,于是,我就修了第二专业,学了经济学,希望以后的双学位有助于自己在职场上发展。

  后来,我还准备参加教师资格考试,希望自己毕业的时候能够进入学校教书,这样,以后的就业路子就会非常宽。

  那阶段,我非常匆忙,业余时间不是去经济系听大课,就是准备考取教师资格证书。

  原来以为父亲会对我大大表扬的,没有想到,我在电话里和父亲说后,父亲的态度跟我想象的完全不同。

父亲说道:"你的英语就好到不需要学习了?现在又是学经济学又是准备考教师资格证的,你把时间和精力都分散了。你记住一句话——瓶子里装酒就不能装酱油,人生需要舍弃一些东西,坚持一些东西。"

父亲的话让我清醒过来,我很快停掉了经济学的研修,也放弃了考教师资格证,一门心思学习英语的口语。

毕业后,我进入了一家翻译公司上班。周末,我去一家英语辅导学校给大家讲授口语。

经过两年的自我提高,我的英语达到了同声传译的水平。同声传译按小时收费,每小时酬劳高达一两千元。

后来,我跳槽到一家大型翻译公司上班,经常被公司派到一些大型商务会议或者国际性的行业会议上担任同声传译。

因为业绩好,客户们很满意,公司给我的工资很快提高,到了这家大型翻译公司的第二年,我的年薪已经拿到了七十万元,很快以按揭的方式在上海买了住房。

又过了两年,我提前还清了房贷,然后买车、结婚,生活得还算满意。

如今,我每年实际只需要工作四个月,年薪就能达到八十万元。

近些年就业形势不太乐观,我在职场中算是发展顺利的一个,这主要得益于父亲当初的教诲,使得我把时间和精力用在"专攻"英语口语上,使得我在这方面领先于许多人,使得我在口语方面占得了优势。

生活中有句俗语"艺多不压身",这句老话在时代巨变后,就很有局限性了。

如今很多行业进行细化，远远不止三百六十行了。如今职场对"精通"要求很高，以前的那种"样样通但是样样松"会被职场排斥和淘汰的。

只有集中时间和精力把某项技能学精通，才有可能在职场中打开一扇大门！

# 你这么努力，为何还如此焦虑

◇小岩井

有个学生，暑假报名来学日语。因为半年后要去日本留学，所以很认真地每天在学校上课和自修。然而他学得并不好。应该说是很不好。他是某重点大学的理科毕业生，按理说智商肯定没问题。也很努力，可就是学不好。

一般人一周可以掌握的内容，他不知咋的一个月了还掌握不了。发音和语法更是一路跑偏，而且我看得出来，他很焦虑。他反复问我这个句型重不重要，那个动词变形会不会考，以及多久可以考，应该准备什么教材，等等。

我忽然想起了我刚开始健身的时候，经常缠着教练问多久会有效果，结果三个月发现没什么明显效果后就很少去了……我每次健身也是很努力，练得头晕眼花，大汗飞洒。结果是过犹不及，练伤了好几次，反而对健身越来越兴趣淡然。学习语言和健身都一样，越是急着要结果，越是没耐力坚持。他也跟我讨教了好几回，然而我渐渐发现，在他努力却学不好的背后，有着类似的问题。

其实他对日语和日本文化根本没兴趣。完全是因为学校有一个推荐的机会就争取下了，然后因为对日语的等级有要求，他就很上进地来报了班。他根本不喜欢学语言，也对学习日语本身不感冒，不看动漫，也不看日剧，他想要的只是一个结果，一个证书。这当然沉浸不下去，因为每一刻的学习，他的心都不在上面，看上去很努力，实际上是在浪费时间。

知乎上有一句话说："以多数人努力的程度之低，根本轮不到拼天赋。"然而我并不认同。首先我想说，"努力"本身就是一种天赋。注意我说的"努力"，是有引号的。真正的努力，应该是一种明白自己在做什么，又能时刻投入在当下和其中的自控力。而非内心烦躁焦虑，表面废寝忘食。多数人的努力，只是让自己看上去很忙碌。

所以你去看那些学霸，你看不到他们很拼命读书的感觉，而且通常都是面无表情，非常淡定。

而自修室那些头悬梁锥刺股的人，往往都是临时抱佛脚者。

当我们在做一件事的时候，先不去想着成功与否。成功当然很爽，但如果不成功，我们是否还会享受当下做的事？如果是，我认为那就是真正的成功。因为，你已经不需要依赖外界的承认，已经获得内心的满足。

当我明白这个道理之后，我重新开始感受健身这件事。不再执着于身材马上变好，而是真正去热爱运动这件事。感受每一组动作带给我身体的变化。当我真的开始投入运动之中后，我发现人也慢慢变得精神起来。

我认为一个人可以默默无闻地活在世界上，完全不被人知道，没有名气、野心。如果一个人不认为自己有多么重要,他可以活得相当快乐。这是我推崇的克里希那穆提的一段话。

这也是我,今生最大的追求。平静,温柔,有趣。只要我自己认可自己,一切都是完满的。

## 成长是对时间的恻隐之心

◇简墨绿

大一那年的寒假,我因为迷茫,不知道每天睡觉、恋爱、打游戏的大学生活到底意义何在,便抱着随便玩玩的心态参加了一个学长发起的义工活动。一行8个人,都是本校的同学,一起到贵州的一个山区里助学,全程自费。我们带着很多书和文具,辗转多天,火车转汽车转小巴加走路,才到达那所所谓的小学。

其实就是一间破烂不堪的瓦房,窗户坏的地方都用塑料纸或者类似一次性饭盒的那种材料挡着,总共十几个孩子,基本都是留守儿童,他们的爸爸妈妈都去了大城市打工,有的几年都没有回来过。

山里连电话都没有普及,更别说手机。所以,他们跟父母之间的联系显得那么稀少。我们曾问过孩子们:"想爸爸妈妈吗?"

有的说想,有的说不想,说不想的人,大概连爸妈长什么样子,都记不真切了。

学校本身有一个老师，教所有的课程，还包括给孩子们烧饭，而他们的伙食说出来可能你都不相信，我们在那边整整21天，每天只有一个菜，就是水煮萝卜，不放油的那种，只放一点点盐。两天之后，我们听到"吃饭"两个字都觉得头皮发麻。

　　我们把带去的方便面、火腿肠还有一些零食全部分给了孩子们，他们舍不得吃，后来有一天，我们让老师把面泡了，每个孩子分一点儿，那天他们就好像过年一样，品尝着"泡面美食"，吃完饭都跑过来对我们说："姐姐啊，这个特别好吃……"

　　要知道，方便面对于我们来说，只是万般无奈下迫不得已的选择啊，平时，我们每个人可以吃的太多了，可是对这些小孩子，泡面却是最美味的食物。

　　萝卜吃了这么多天，渐渐开始习惯；并不觉得如开始那般难吃了，也越来越珍惜，会不自觉地少吃一点儿，多留些给孩子们。

　　有一天，我注意到一个叫美花的小姑娘。以前下课挺活泼的，可这几天好像有点儿不对劲。中午我坐在她旁边，跟她聊天，问她是不是有什么事。她不肯说，只是一个劲儿地用手拉裤子。我将她的旧棉裤脱下来，吓了一跳，美花的两条腿长满了冻疮，都已经红肿流脓，难怪她走路的样子怪怪的，也不再跟其他同学一起玩耍。她看我目瞪口呆的样子，懂事地对我说："姐姐，我没事，以前冬天也会这样的，到春天就好了！"

　　我的眼泪"唰"地一下，再也控制不住流下来。

　　我跟另一个学姐，用带来的简易药箱里面的药水帮美花处理了一下腿上的冻疮，她还特别不好意思，很害羞，一声不吭。但我知道，一定是疼且难受的。

　　我跟老师说："带孩子去医院看下吧，这样不行。"

老师为难了。山里只有一个小诊所，想去医院，要走十里路。

美花那晚拉着我们的手说："姐姐，真的没事的，每年都这样，到春天真的会好的！"

那天晚上的总结会，原本是学长主持的，结果没说几句话，大家都默不作声，最后发现，所有人都哭了。

那21天与美花他们在一起的日子，成为我人生中醍醐灌顶的一页，所谓成长，原来是你不再对生活无动于衷，即便手里拥有大把东西，也会对看似无关的人和事有恻隐之心。

# 你可以放弃讨好全世界

◇大熊

当年在学校,夏乔是扔进人群中也自带主角光环的姑娘。

她成绩优异,长得漂亮,不仅是学校指定的周一升旗手,还是校广播站的王牌主持人。

那个时候她是同学嫉妒的对象,是老师家长的心头肉,日子过得顺风顺水。

直到她遭遇了人生中的第一次挫折。

她高考发挥失常,曾经大家认为她轻而易举能考上的重点大学也把她拒之门外。

就好像一场华丽的电影结束后,灯光熄灭,观众离场,只剩下她站在空无一人的台上,独自神伤。

而且周围的同学大部分抱着看笑话的态度,曾经的小公主光环让她无法向朋友倾诉。

她只好选择了狂吃来释放压力。

短短两个月的暑假,她彻底把自己吃成了一个蓬松的包子。

大学后的第一个寒假,高中同学聚会,夏乔没有来。听说她去了一所普通大学,而且越来越胖。

有一年我在机场的候机厅碰见她,认了好久才认出来。

当时她刚从麦当劳出来,一只手拎着两袋零食,另一只手捏着一个麦当劳的纸袋子。

夏乔看见我,面无表情地走了,臃肿的身子,紧锁的眉头,看起来既狼狈又笨拙。

我不得不感叹,发胖果然是把杀猪刀。

之后就是很多年也没见过她,只隐隐约约听朋友提起过,她谈恋爱了,然后失败了;她尝试了各种减肥方法,还是失败了……后来就逐渐失去了她的消息,毕竟谁也不喜欢看谁一直发牢骚。

就这样好几年都没有见过她,前阵子我去一家新开的咖啡馆谈事。说是咖啡馆,其实更像个甜品店,橱窗里摆的各种蛋糕漂亮得连我这样的汉子都忍不住点了两个。

上咖啡的时候,我才发现老板娘很面熟。

"夏乔?"

夏乔盯着我看了一会儿,恍然大悟:"是你啊,听说你去了韩国,该不是去整容了吧,都认不出你来了。"

我赶紧否认:"我这是男大十八变,越变越帅。"

夏乔咯咯咯地笑着,脸上的肉都跟着一起颤抖,说起了她这几年的变化。

上了大学后的夏乔已经变成一名普通女大学生,日子单调且乏味。

有一年圣诞节,她收到一封信,有个男生说想认识她。可她认为这只是整人的恶作剧，就拿信垫了泡面的碗。

第二天，男生把夏乔堵在教室里，说他想跟她做朋友是认真的。

夏乔会信才怪，当着男生的面撕开一袋薯片，抓了一把薯片放进嘴里，转身走了。

直到有一次男生跟班上的同学起了冲突，起因是那些同学开玩笑说夏乔迟早有一天会胖得卡在教室门里。

夏乔骂他傻，男生顶着一只熊猫眼说，她可以不跟他做朋友，但是他不希望她变成其他人口中的笑话。

夏乔有点儿感动，请男生吃了她最喜欢的蛋糕。

男生知道她喜欢吃蛋糕，城里的蛋糕店，他几乎带她吃了个遍，所以毕业后的她凭着吃货的经验，开了这家以蛋糕为主的咖啡馆，生意还不错。

夏乔说，是他把她从"被全世界抛弃"这片乌云下拉了出来，她从没想过还会有人这么珍惜她。

现在的夏乔依然没有瘦下来，却让人看见她就开心起来。

比起成为别人眼中自带光环的小公主，还不如成为爱人眼中最舒服自在的自己。

她不再整天抱怨自己胖，毕竟，要先学会接纳自己，才能刀枪不入。

# 千万别再把90后当小孩儿

◇刘同

有个生于1990年的朋友,叫苏铁。

苏铁那会儿刚大学毕业,她的未来和她的爱情一样,都不知道将去何方。她小妈就把她推给我,说:"你同哥特擅长职业规划,你让他给你上上课。"然后苏铁就热情地把我约到一家高级餐厅,帮我点一杯喝的,自己要杯白开水,睁大眼睛看着我,问:"同同哥哥,你说我未来要干吗呢?"

我说:"既然你也不知道自己喜欢什么,不如随便干一份新兴的工作,没准儿走在时代的前沿,稍微努力就能被人看见。"

她似懂非懂地回家了。

过了两个星期,她说:"同哥,我到新浪微博实习了呢。"

新媒体行业的淘汰速度比传统媒体更迅速。每次遇到苏铁我都问:"怎么样?什么时候被开除啊?"她都很忐忑地回答:"估计快了,估计快了,我又得罪领导了。"问她怎么得罪了,她说:

"领导好奇怪哦,在电梯里遇到我几次了,每次都问我是不是新来的。然后我今天很生气地告诉他:'你别再问了,你都问过我三次了。'"

再后来我和苏铁妈相约吃饭,苏铁出来的次数少了,问起来才知道,那时微博有任务,无论新员工还是老员工,每个人都有自己的业务量,每个月必须要拉多少个人注册微博才行。我深深地对此感到焦虑……她连自己的未来都找不到,怎么能找到那么多有微博需求的人呢?

又过了一两个月,苏铁妈说苏铁想和大家吃饭。出门前,我带了一张电影卡,等她宣布她新工作干不下去时,就送给她做安慰礼物。

苏铁一脸灿烂,不太像被开除的样子。苏铁妈说:"苏铁最近可得意了,三天就完成别人一个月的任务量。"我问:"你最近转行做安利了吗?怎么完成任务那么快?"苏铁说:"哦,同事们都是一个人一个人去说服的,我专门找那些协会,一个协会就好几百号人,我搞定两三个协会就完成任务啦。"

就在苏铁越来越被领导和同事信任的时候,她突然提出了离职,原因是不喜欢复杂的人际关系。我问她接下来去哪儿,她说有个奢侈品公司在找她,她想过去试试。"什么岗位?"我问。她嘻嘻一笑,回答:"门店销售。"

苏铁完全没有辜负她的决定,在进入奢侈品店大概两个月之后,她就成了最旺商业区门店的销售冠军。

突然有一天,苏铁给我发短信说:"同哥,我今天非常生气,跟一个店员绝交了。"我心一紧,连忙打电话过去问为什么。我担心苏铁年纪小,不懂得处理人际关系,万一把人给得罪了,自己也不占理，对她而言就是一场走不出去的困局。毕竟很多刚参加工作的年轻人，不是被工作给累残的，而是被人际关系给弄残的。

一通电话之后，我了解了事情的来龙去脉，然后为苏铁的做法微微震撼。如果年轻的时候，我能这样去做，也许今天的我，对自我的认知会变得更为清晰。

事情并不复杂，在这样的门店，每个销售都有自己的老顾客，其他销售是不能抢老顾客的。

与苏铁同时期进店的销售接待了苏铁的老顾客，然后把业绩记到了自己的名下。

苏铁找到对方，很认真地告诉她："抢顾客的事情，从来都是老店员对新店员做的事，那时我们都被欺负，一起觉得不甘，可是你回过头就用这一招来对付我。这个业绩我可以不要，但我必须要告诉你，从今天开始，我们不再是朋友，而且，你未来所有的顾客都是我苏铁的。"

苏铁冷静叙述的时候，像极了电视剧中暗流涌动的转折剧情，我甚至能想象到另一个店员尴尬的表情和不知所措的样子。

苏铁说完这番话之后，同期的店员立刻找领导，把她的业绩换到了苏铁的业绩里。

这个90后的苏铁给我做了一个榜样。如果心里因人不爽，最好的办法就是说出来告诉对方。

以前我管1990年出生的苏铁叫妹妹，自从她如此处理事情之后，我开始在心里把苏铁当成同龄人。我想，年龄从来不是衡量一个人是否成熟的标志，一个人是否成熟来源于他是否了解自己所作所为的目的，来源于他是否敢承担所做决定的后果，来源于他对自己的了解与信任程度。

我仍然忍不住想，如果当年的我能像如今的苏铁一样，33岁的我会不会变得不太一样啊？

苏铁现在仍然在那家奢侈品门店做销售，是去年该品牌北京地区年度销售冠军。她本来有机会升职为副店长，但因为常常不按常理出牌，所以没有被升职，仍然干着销售的工作。我问她，为什么不做副店长呢？她说："只要我现在收着就能升职，但我想看看自己放开了工作，究竟能做到什么样子。做副店长对我来说不难，但持续做一个好销售有点儿难，你明白的，对吧，同哥？"嗯，我装作很明白的样子，点点头，心里想，90后真吓人，如果你还把他们当成小孩儿的话，自己怎么被他们埋了都不知道。

# 这世上没你不行

◇北皇八德

人为何而生？每一个人，既生于世，必有他独特的用处。

这是一位老太太教我的。她晚年因战祸而家破人亡，卖掉了大房子，只留下偏处旧地产一隅的小茶室自住。

这件事发生时，老太太正带着老家人，在伊豆山温泉旅行。有个17岁的男孩在伊豆山投海自杀，被警察救起。他是个美国黑人与日本人的混血儿，愤世嫉俗，末路穷途。

老太太到警察局要求和青年见面。警察知道老太太的来历，同意她和青年谈谈。

"孩子，"她说话时，青年扭过头去，像块石头，全不睬她，老太太用安详而柔和的语调说下去，"孩子，你生来是要为这个世界做些除了你没人能办到的事，你知道吗？"

她反复地说了好几次，青年突然回过头来，说道："你说的是像我这样一个黑人？连父母都没有的孩子？"

老太太不慌不忙地回答:"对,正因为你肤色是黑的,正因为你没有父母,所以你能做些了不起的妙事。"

孩子冷笑道:"哼,当然啦!你想我会相信你的话?"

"跟我来,我让你自己瞧。"她说。

"老糊涂……"孩子嘴硬腿不硬,还是跟着走了出来。他当然不愿意留在警察局,但也别无去处。

老太太把他带回小茶室,叫他在菜园里打杂。虽然生活清苦,她对孩子却爱护备至。孩子也慢慢地不像以前那么倔强了。

为了让他培植些有用的东西,老太太给了他一些生长迅速的萝卜种。10天后萝卜发芽生叶,孩子得意地吹着口哨。红萝卜熟了,老太太把萝卜腌得可口,给孩子吃。

后来孩子用竹子自制了一支横笛,吹奏自娱,老太太听了也很愉快,赞道:"除了你,没有人为我吹过笛子,乔治,真好听。"

孩子似乎渐渐有了生气,老太太便把他送到高中念书。高中毕业,乔治白天在地下铁道工地做工,晚上在大学夜间部深造。毕业后,在盲人学校任教。

学生们常用手摸着乔治健壮的肩膀说:"啊!你真是又高大又健壮!"

"你因为胸部这么厚实,所以中气足,吹起笛子来能一口气吹那么久,是吧?"

"你吹笛子,能使我知道很多东西的形状和颜色,简直像看到了一样。"

"现在,我已相信,真有别人不能,只有我才能做的妙事了。"乔治对老太太说。

"你瞧,对吧?"老太太说,"你如果不是黑皮肤,如果不是孤儿，也许就不能领悟盲人的苦处。只有真正了解别人痛苦的人，才能为别人做美妙的事。你17岁时，最需要的就是有人爱惜。没有人爱惜，所以想死，是吧？你大声呐喊，说你要的根本不可能得到，根本就不存在——可是后来，你自己却有了慈悲之心。"

乔治心悦诚服地点点头。

他们两个人已把身受的痛苦化为仁慈。因为悲痛在心灵深处造成的创伤，能增强一个人体贴他人之心。

老太太说："尽量让那些不幸的人知道活着的快乐——也就是知道有人爱护自己的快乐。等到你从他们脸上看到感激的光辉，那时候，甚至像我们这样精疲力竭、对生活不满而又厌倦的人，也会感到有了活下去的意义。"

在老太太的茶室里，年轻的乔治利用假日自撰笛曲，吹奏给他的盲学生听。把流水、浪潮以及绿叶中的风声，都谱了进去。那些孩子眼虽不明，手却能写，为那首乐曲题名为《清风流水》。

# 凭啥非要记住你的名字

◇戴晓雪

当年,我刚到美国留学不久,便去了一家餐馆打工,具体地说就是做服务员端盘子。我对美国的餐馆工作并不熟悉,语言上也没有半点儿优势,一切都得从头开始。几个月后,我从餐馆的"学徒工"成长为"明星",很多顾客夸奖我,送来了不少鲜花贺卡,也收到了不少小费。端盘子的日子让我总结出一些窍门:得记清楚谁先来谁后到,不分名望地位,依次公平服务;得记住他们喜欢吃什么,不喜欢或痛恨吃什么,而更重要的是当场记住客人的名字,日后他们再来光顾,也能脱口叫出。那时我悟到,对我来说,记住用餐者的名字,就意味着"人缘财源"。

后来我去了哈佛大学教书,学校有个基本要求,老师进课堂的第一天就得叫出每名学生的名字。在美国学生看来,如果你叫得出张三,叫不出李四,你就有厚此薄彼之嫌;于是,开学前几天,老师们把记名字当作头等大事来做,个个拿着花名册对着照片一遍遍呼唤。回想起在中国大学教书的日子，我何须练此武功？后来听说，美国优秀教师守则的第一条就是"记住学生的姓名"。

任正非或许也是了解此道的人之一。据华为最老的一位员工告诉我，创业初期，老任就把对员工的关心落到细处，他给自己定了一个严格的规矩："公司每个人的名字我都要叫得出，不但现在，今后也一样。"那时公司员工还不到30人，或许当时任正非脑子里想象公司的员工数字有300人也差不多了，哪知后来发展到8万多人了，现在他当然做不到了。

美国人吉姆·弗雷在这方面有着超凡的能力。他早年因贫困辍学去砖厂打工，后来做过石膏公司的推销员。他因牢记别人的名字获得了许多人的喜爱，他的业绩也因此节节攀升。他担任过邮政首长及民主党要职。记者问他成功的秘诀，他说："辛勤工作，就这么简单。"记者说："你别开玩笑了！"他反问道："那你认为我成功的原因是什么？"记者说："听说你可以一字不差地叫出一万个朋友的名字。"他更正道："我能够叫得出名字的人少说也有五万。"吉姆·弗雷把记住人名这样的小事也做得如此出色，难道他会不成功吗？

在交往中，若是把人家的名字忘记或说错了，你会处于一种非常不利的地位。如果确实是因为记忆力有点儿差，或许可以试试下面的说法：

——对不起，我没有听清楚。（拿破仑三世的方法，让对方再说一遍，加深记忆。）

——您的名字我念得对吗？（其实人们很愿意帮助你把他的名字念对。）

——我记忆力差，请让我记下来。（下属不但不会讨厌，还会产生一种自重感,但不适合对尊贵的客人。)

——哎呀,又有一阵没见面了,我能再记一下你的名字吗?

准确地叫出人家的名字,是给你自己的形象加分。

## 成全自己,不恶心别人

◇沈嘉柯

"大家试一试,真的,只要你坚持一段时间,半个月或者一个月,你就会慢慢习惯吃素。"她说。

一个同行的男士打着哈哈说:"行,下次试试。""你的身体会变得很舒服,我就是这样把身体调养好的。"穿着素净的她继续劝说。大家纷纷顾左右而言他。

她是一位虔诚端庄的女居士。也就是皈依佛门,但还未曾彻底出家的人士。

从第一天吃饭开始,入座点菜,她就声明自己吃素,聊起吃素的话题,引经据典,滔滔不绝。在一起围着桌子吃饭,大家有意无意避开她的话题,点了鱼肉之类的荤菜。不过呢,大家还是好心提醒服务员,有两道菜要素的,我们这有修行的。我看得出来,那位女居士非常认真地在做她自己。她在修行,她贯彻着她的信念。

可惜在座的人大半都热爱荤食的美味,更愿意满足自己的口腹之欲。她用悲悯的眼神看了下大家，叹气，吃着自己面前的素菜。中间，她去洗手间。当她一离座，我就听见其他人抱怨："我就是爱吃大鱼大肉，一直念叨，搞得都没什么胃口了。"有人接话说："算啦，也要给点儿面子嘛！多少年才难得一起出来玩。"

　　大家说笑了半晌，看到她回来，纷纷不提这个话题了，举起筷子去夹蒸鱼。后来，我请教友人。友人讲了一个类似的故事。那也是一位女居士，找到了她心目中认可的师父，皈依后开始持戒茹素，做法和我在活动中遇到的女居士一样，一群人AA制去餐厅饭馆打牙祭，她趁机劝告同事，不要杀生，会堕入六道轮回，不如吃素。

　　结果，大大激发了同事们的逆反之心。同事们纷纷嚷嚷："算了，算了，她要吃素，我们就别叫她了。"

　　久而久之，她发现自己在公司里非常孤单，常常一个人吃着自己带的素菜盒饭。

　　她很生气，但又觉得发脾气不对，这更加让她憋闷，情绪低落，觉得苦恼，明明自己是一片好心啊。她就去问自己的师父："我这样错了吗？"她的师父是位修行圆融备受尊敬的大和尚。大和尚听了她的诉苦，先是笑，然后反问她："为什么不跟同事一起吃饭呢？"

　　"我跟他们吃不到一块儿啊！杀生造业啊！"

　　"你可以这样想，你如果和他们一起去吃饭，至少你点的是素菜，不就相当于让他们少点了荤菜吗？这不就是间接地少杀生造业了吗？"那位女居士愣住了。

　　"我们不用勉强改变别人，可以慢慢影响别人嘛。"她的师父补充说道。她有点儿醒悟过来了，试着主动邀请同事们聚餐，不再刻意要求同事们陪她全吃素，只给自己点了素菜。慢慢地，同事关系恢复到以前和睦的状态，做事顺利多了。

她自己坚持清淡饮食，皮肤气色变好，人也瘦了一些。于是女同事惊呆了，女人爱美，被带动了，跟着她多点蔬菜。男同事虽然照旧，但不知不觉，饭桌上的荤素比例发生了变化。有素菜，多少也会吃。看起来很简单的吃素问题，反映出的其实是自己的心，是否走向偏执。

修行并不能成为把自己的意志凌驾于他人之上的理由。真的懂得修行之道，反而会意识到，成全自己，对自己有要求无可厚非，但对别人，应当是顺其自然。

# 栽跟头要趁早

◇荷衣蕙带

若没有17岁那年乡试失意的经历,也就不会有董其昌后来的一举成名。因此他说,栽跟头要趁早啊,来得太晚的话,日后的成就也不会那么高!

隆庆五年(1571年),在松江府(今上海一带)的乡试中,一位年仅17岁的少年高中第二名。这本是一件高兴的事,但这位少年却并没有人们想象中那样兴高采烈,甚至在看到榜文的时候,眼中流露出的竟是不甘与惊诧。

个中原因,有点儿让人啼笑皆非——因为这次的解元,也就是乡试第一名,不是外人,而是他的堂侄。他和堂侄的年龄与受教育的经历非常相似,三天的考试结束后,两个人不仅一起喝酒出游,还详细地聊各自答卷的内容。正是因为知根知底,所以他才这么不服气。他的文采远超堂侄,不知为什么居然名落其后。他非常气愤,在拜见主考官的时候,便忍不住委婉地进行了询问。主考官是当地郡守，也是进士出身，自然爱才惜才。

对方见少年来询问，也不回避，先是大赞了少年的文章，称其当为第一，又娓娓道来，说因为他答卷的字写得太差，所以才被降为第二名。

需要说明的是，明清两代的科举考试中，对书法字体也有相应的规定。虽然明清两代要求的字体不同，但书法也占科举成绩的一部分。

得知原委后，17岁少年的表情只能用一个字形容：窘。他尴尬且狼狈地带着满腹羞愧离开了郡守府。此后，他发愤临池，苦练书法，并潜心结交了一批书林妙手，常常与书法名士在一起切磋研习。

他的家境一般，平时只能穿着白布单袍，练字的纸也买得不多。由于练字成痴，他把纸写完之后，常常意犹未尽，就在衣服上接着写。时间长了，他的衣服、屏帷、床帐之上，都是淋漓的墨迹。

有付出，必定会有收获。万历十七年（1589年），34岁的董其昌终于一举成名，以二甲第一名的优异成绩考中进士，并且因为文章、书法俱佳而被选为庶吉士。

他的书法不仅得到了明朝皇室的认可，在清朝更是被推崇备至。康熙皇帝和乾隆皇帝都非常垂青董其昌的书法，清代的应试字体更是以他的字体为标准。

康熙还曾为他的墨迹题过一段很长的跋语，说他的书法"天姿迥异……非诸家所能及也"，并爱屋及乌地对继承其衣钵的另一位书法家也青睐有加、礼遇厚待。

张爱玲曾说："出名要趁早啊，来得太晚的话，快乐也不那么痛快。"但这话要是让董其昌说,应该是:"栽跟头要趁早啊,来得太晚的话,日后的成就也不会那么高!"挫折谁都会遇到,在哪里跌倒,就要在哪里爬起来。日后你的高度,就取决于你今日面对挫折的态度。

## 别比了,孩子不是被物化的奖杯

◇钟子伟

我好多年没见到这位高中好友的父母了。上周当我跟他和他的妹妹及家人一起吃晚餐时,我看着他们,试着想起我上次看到他们是什么时候。那一定是高中毕业典礼时,已经是十几年前的事情了。

那天晚上,我第一次见到他叔叔一家,叔叔家有两个孩子,年纪跟我们相仿,那天同时也是叔叔小女儿的生日。

第一次谈话是这样开始的:

婶婶说:"生日快乐,恭喜!你几个月后将从一所很好的大学毕业了。你和你哥都很会念书,真的很乖,让你们父母都很骄傲。我们觉得奇怪,为什么我们的孩子上不了这样好的大学,然后找不到一份好工作。我们的儿子大部分时间待在家里……"

他们的孩子低头不语。我朋友的妈妈说:"哎呀!怎么会?我家小孩儿在学校都很懒,总是在玩,在中学和高中成绩也只是过得去而已。他们只是运气好而已……"

每个在亚洲谦虚环境中长大的人都可以很容易想象,在那样的晚餐上,两家父母之间的对话会是怎样的。

另外一个例子则是我们在台湾收到成绩单时。当我还在美国念小学时,我们第一次收到成绩单时,老师不断说:"当你们收到这学期的成绩单时,仔细看看,然后就收进背包中。没必要给学校里的其他人看。你的成绩是你的事、你的隐私,也不要去问其他人的成绩,这是他们的努力、他们的成果,也不关你的事。你要尊重每个人的隐私和不同。"

她那天早上至少重复说了三次。但当我们在台湾念初中或高中的时候呢?

不仅是把我们的成绩公开,他们往往还会把成绩单贴在办公室门外面,让整个学校的师生都能看到,让他们比较和讨论。

从询问和比较某人的年龄、职业成就、薪水,到他们什么时候结婚或什么时候生小孩儿,亚洲社会喜欢比较每件事。

如果我们继续这样,这会没完没了。无论我们如何努力为社会中每个新一代人做到公平,但总是会有些东西可以比较和嫉妒:其他人的幸福快乐、他们的笑容、其他人的梦想……

那天晚上,当我们吃完晚餐准备离开时,我说:

"我们一定花了半个小时来比较孩子的成就。讽刺的是,孩子自己没说什么,他们从来不会被问,永远都是父母在说话,好像孩子就不过是被物化的奖杯。"

我的朋友叹着气说道:"是的,自从我们念高中开始,每隔几个月在家族聚会时这个场景就会重复一次。我和我妹在学校时念书认真得好像发疯一样。我总是想要偷偷对自己的堂兄弟说抱歉,因为我们同龄,在过去的20年里一直像这样被比较着。我很肯定许多中式家庭也一样,这样的事情造成了很多不必要的家庭紧张和对孩子的压力。某天,当我们成为父母时,我们一定不要把谈话的焦点放在这类话题上。"

人生很短,让我们依照正确的理由做出正确的决定,而不只是为了面子,以及为了他人的想法。

长远来看,那样我们可能都会更快乐一点儿。

就像我小学老师常说的:你的分数、学校、生涯目标、人生,那是你的事,跟别人无关。停止在意或问别人的成绩。

愿你出走半生,
归来仍是少年;
盼你历经磨难,
仍怀赤子之心。

## 要么本事够大,要么运气够好

◇马德

友人常跟上司闹不愉快。于是,讲两个故事飨之。

汉武帝时,建章宫里跑来一只动物,样子像麋鹿。武帝问左右的人,结果没有人认识。于是,把牛人东方朔找来。东方朔一看,说:"这只动物我认识,但要我讲出来,必须请我吃喝一顿。"武帝没办法,答应了他。不料,东方朔又刁难起来,说是看上了公田鱼池蒲苇数顷,希望陛下赐给他。汉武帝牙一咬,又答应了他。

东方朔说:"这个形似麋鹿的家伙叫驺牙,它一旦出现,就预示着远方有人来归顺。"过了一年,果然匈奴浑邪王带着十万人来投降。为此,汉武帝重重地赏赐了东方朔。

《三国演义》第十九回,讲到白门楼下,曹操先是劝降陈宫,陈宫不从,从容就义。之后,曹操愤而将吕布缢死并枭首。这时候,刀斧手绑过来吕布手下一牛人,此人非但没有任何畏惧,还将曹操骂了个狗血淋头。其时,曹操已贵为丞相,大家都以为曹操会杀他。结果，曹操非但没有杀他，还"亲释其缚"，请他坐上座。而这个人，就是大将张辽。后来，就是这个张辽，随曹操南征北战，立下汗马功劳。

友人听罢，不悦，说："你的意思是，我还不够牛，不应该跟上司闹呗。"

我连连摆手："不，历史上牛人被杀的多了去了。其实，这两个故事都有各自的亮点，第一个是东方朔忽悠之后果有浑邪王来降，第二个是张辽骂了曹操之后还能立下卓越军功。也就是说，立足于世，一要本事足够大，二要运气足够好。"

友人自此韬光养晦，大隐隐于单位。

# 姑娘,有了方向努力才值钱

◇杨熹文

我曾经见过一个二十几岁姑娘的双手,那是四十几岁操劳的形态,皮肤干瘪松弛,暗哑到脱水的颜色。在一家餐馆简陋的灶台上,手套胡乱地褪在一旁,一双手上下翻飞在生肉和竹扦间,指甲间嵌满肥腻的肉碎。

那是一家朋友常去的烧烤店,因为营业到凌晨两点,是搞定夜宵的好去处。下班后,大家聚在一起,点几打火候正好的肉串,再分享一大扎啤酒,吃出雾气腾腾热闹非凡的人间气。

时间久了,和店里的肉串姑娘也混熟了,知道她25岁,出国已经三年,是穷苦的留学生。为赚取昂贵的生活费,每天晚上在烧烤店从六点打工到深夜两点,工作内容就是坐在一条板凳上,对着发霉的墙角,穿上整整两大盆肉串。

那时,我也有一份餐馆的工作,能够体谅这种辛苦。放学时来不及回家就要背着书包去餐馆做工,两分钟就要把十人桌的残羹收拾妥当,不然就会遭到老板娘的痛骂;两只脚忙得没工夫同时着地,头发丝儿里永远浸着一股洗不干净的豆油味。因为这种经历,我把姑娘当作革命战友,姑娘对我也有一份惺惺相惜的感情。

工薪阶层家庭的孩子出国读书,经历写出来像一本苦难史,除去上学与做功课,剩下的时间几乎都要找一份杂工来做。几乎每个二十四小时加油站里,都会有这样的孩子在深夜里一边打着瞌睡,一边惦念着明天的功课;肮脏油腻的中餐馆,他们又会出现在后厨里洗碗洗到手指脱皮;深夜的办公大楼里,同样处境的一群人,一个人背着重重的吸尘器孤零零地望着整个城市的夜景……

所幸,这个姑娘和我作为其中的一分子,虽然知晓自己和周围一掷千金的富二代,大概隔着奋斗十年的距离,却依旧脚踏实地努力着,没有为了一夜暴富走上歪门邪道。

而我的生活圈里,这个姑娘绝对是最努力的人,每天睡四五个小时,既要读书又要打夜工,如此拼命的,再没有第二个。

姑娘家境不好,她不敢懈怠半分。她的这份工作,整整做了两年,也从一个水灵灵的年纪熬成了一副沧桑的模样。

可是我渐渐地察觉,姑娘的努力,和我的似乎有些不同。

起初在餐馆打工,是因为自己除了一点儿英文,缺乏常识与生活技能,无法找到一份体面的工作,所以只能低下头来以一副谦卑的姿态面对生活。

尽管在餐馆里是被呼来喝去的角色,只要用心,却也总是可以找到值得学习的东西。经理的一通订货电话、客人的投诉、老板热情的推销,竖起耳朵,字里行间都能学到有用的信息。每当看着水池里漂起黄腻腻的一层油渍,我就恨恨地对自己说:"你22岁在这里洗碗,我一点儿都不怪你,但如果一年之后你还在这里,我绝对饶不了你!"

我一直坚信自己有更好的价值,读书十载,不是为了让自己去做一份不需要太多智商与情商的工作。

于是,有空的时候,我会花一点儿时间看免费华人报纸上的招工广告。有时候拿着圈圈点点的记录去给姑娘看,她却没什么反应,她觉得这都是没事瞎折腾,好不容易熟悉了一个地方的环境,干吗换来换去?

那时,我和姑娘的工资一样,都要低于法定最低工资,代价就是每周四十几个小时拼死拼活赚来的钱,都抵不上一个普通公司职员轻轻松松工作三十个小时的薪水。

于是,我为自己留了心。把餐馆里的洋人当作免费的外教,去超市时也要和收银员多侃几句,看电视只看英文台,不看中文泡沫剧,能说英文就不说中文,学会运用新的思维考虑旧的事情。生命渐渐被填进很多可能,我看到从未见过的风景,开始憧憬更美好的未来。

我也一直鼓励姑娘,姑娘说:"我也想找一份好点儿的工作,可是我英文不好呀。"我有些惋惜地看着那双苍老的手:"那就每天学一点儿啊……"姑娘睁大眼睛苦笑着:"小姐,你还觉得我不够辛苦、不够努力吗……"

可是学习英文,不就是为了让自己以后不再那么辛苦吗?

账户里稍稍存下一些钱的时候,我又买来一辆只能开不能看的N手车,拜托朋友教我开车。从来没坐过驾驶员位置的自己,把交规熟读了两个月,还不敢轻易上路,就在五点钟起床,趁着马路上人少的时候偷偷练习。

半个月之后,我考到驾照,优哉游哉地上路了。我载着姑娘去喝咖啡的时候，和她大谈特谈学车的好处，姑娘一头雾水："小姐，没搞错吧，我的工作就在家门口，你难道让我开车去吗？"

可是开车，不是为了去看看家门口以外的世界吗？

当我换掉中餐馆的工作，到一家规模稍大的西餐馆去做服务员，有小幅度的加薪时，我和朋友跑到烧烤店里撮一顿，怂恿姑娘也去学点儿什么。

姑娘一边漫不经心地把肉戳在竹扦上，一边看着我调酒的照片，倒吸一口冷气："小姐，这可是六百大洋啊，得打多少工才赚得回来啊？为了那一点儿加薪，还不如守着一份熟悉的工作好好干呢。"

可是学习一份技能，不是为了有更好的工作去赚更多的钱吗？

我的努力中一直有点儿"仇恨"的意味，目标明确，攻击性强，谁小瞧我，谁就成全了我。而这个姑娘的努力，比较逆来顺受，每周除了上学，还要上四十几个小时的夜班，脸色惨白，黑眼圈常驻，连走路看起来都十分虚弱，却也没见她抱怨过。

我看着姑娘那双皱纹深重的手，指甲又秃又短，一点儿女孩子的细腻都看不到，内心一颤，这是一双多么努力的手啊！可是努力，是为了这样吗？努力，不是应该为了有更好的生活吗？努力，不是该有方向才是吗？

我看着她不自在的表情噤了声。姑娘继续着每晚六点钟出现在烧烤店生肉前的生活，那姿态真的比谁都努力。

发誓再也不要去洗碗的一年里，很多人很多事都为我打开了一扇窗，让我看到了生活的更多可能。

我换了五份工作，每一份都有新的知识可学，有新的问题要解决，有新的人去遇见，这些都在为更好的未来做铺垫。而当我再也不用去洗碗,开始体味到"被尊重"与"被需要",工资变成了一年前的一点五倍,而姑娘还是肉串姑娘的时候,我们的友谊就渐渐地维持不下去了。

后来我的生活里,遇到了很多和姑娘一样的年轻人,大多数人都觉得自己早出晚归,已经努力到极限。可是,明明可以发挥出更好的价值,又肯付出努力,为什么甘愿在一家中餐馆里打一辈子工,而彻底放弃成为更好的人的可能呢?

也许有人会说,"我起点低,和一些有条件的人相比,向上爬很难",可是还记得《幸福来敲门》吗?穷困潦倒的克里斯看见一辆惹火的法拉利停在面前,迎上去问道:"你是做什么的?"当车内体面的男子给出"股票经纪人"的回答时,他并没有觉得那是自己无法企及的梦想,而是开始了从一个穷苦之人到成为股票经纪人的漫长道路。

上天在大多数情况下,还是公平豁达的,可是它不会对一种努力给予慷慨回报——这种努力缺乏方向感,徒劳无功,逼迫一个人对生活认输,又毁掉他进步的全部可能。努力从不是为了证明自己努力,而是为了拥有更好的生活,能够保持持续向上的目标,生活才会是一部进化史。

有人对人生进行过理性而又残酷的分析,在一张A4纸上画一个30×30的表格,如果让每个格子代表一个月,那么这900个看似微小的格子,就是你全部的人生。

再残忍一点儿,除去前面那些涉世未深的阶段,还有后面那些心有余而力不足的日子,你真正可以安心奋斗、决定自己高度的时间,用笔画在人生的A4纸上,只不过是那么短短的十几行。而平均每两年,一个人就会被自己所创造的价值推向一个新的高度。

于是，你常常在同学聚会中看到这样的情景：分别不过几年，有些人已经在事业上小有成就，有些人还守着毕业后的那个职位原地踏步。大多数情况下，这种差别的存在，不是因为前者天资过人，也不是后者不够勤奋，他们付出等量的辛苦，只不过后者输给了方向感。

　　人生这件事，不是只有努力就够了。

# 我为什么憎恶心灵鸡汤

◇万方中

让我们来看一个心灵鸡汤文中的典范。

富翁在海滨度假,见到一个垂钓的渔夫。富翁说:"我告诉你如何成为富翁和享受生活的真谛。"渔夫说:"洗耳恭听。"富翁说:"首先,你需要借钱买条船出海打鱼,赚了钱雇几个帮手增加产量,这样才能增加利润。""那之后呢?"渔夫问。"之后你可以买条大船,打更多的鱼,赚更多的钱。""再之后呢?再买几条船,搞一个捕捞公司,再投资一家水产品加工厂。""然后呢?""然后把公司上市,用圈来的钱再去投资房地产,如此一来,你就会和我一样,成为亿万富翁。"

"成为亿万富翁之后呢?"渔夫好像对这一结果没有足够的认识。富翁略加思考说:"成为亿万富翁,你就可以像我一样到海滨度假,晒晒太阳,钓钓鱼,享受生活了。""噢,原来如此。"渔夫似有所悟,"那你不认为我现在的生活就是你说的那些过程的结果吗?"

这个故事在各大报纸杂志广为流传。那些写心灵鸡汤者和信仰心灵鸡汤的人也自认为找到了事情的本质:很多时候别人孜孜以求的,正是我们现在拥有的,只是我们自己浑然不觉,所以,比起追求我们追求不到的,我们应该更加珍惜我们已经拥有的。

这个道理乍一看好像是那么回事,事实上,他的结论是好的,但是他的推论是错误的。鸡汤作者为了得出他的结论,刚好写到对他自己有利的地方就马上停笔了,没有再深入下去,所以我们看到的是:他得出的感悟是站在渔夫这个狭隘的角度来看问题的。

如果你跳出作者思考问题的圈子,站在亿万富翁的角度来看同一个问题,又是另外一回事。对富翁来说,他的享受生活并不只是来海边晒太阳,而是他享受着选择生活的权利:今天他可以来晒太阳,明天他又可以去骑马,后天他还可以去森林里打猎,这些对渔民、放牧人、猎人来说都是他们的职业,他们当然觉得不稀奇。但对富翁来说是新奇的,关键在于,他玩腻了就可以去选择其他,他有这种权利。但是渔夫并没有选择生活的权利,渔夫为了生计,只能终日守在沙滩上,每天重复着他的生活,终老至死,这正是他生命的悲剧所在。

我们如果这样看心灵鸡汤,就会看清楚,鸡汤作者实际上讲究的不是客观、严谨、方法正确,而是讲究怎样使自己的道理看起来很正面很阳光,为了达到这个目的,很多逻辑已经被他们隐去避而不谈,他们会选择一些对他们有利的角度来阐述问题。

我们再回过头来看,为什么很多人对这个故事信以为真?

很显然,这个渔夫的身份隐喻了我们当代社会中的大部分人:大多数人为了生计,为了家庭,都像渔夫一样,不得不每天工作在自己的岗位上,朝九晚五,就此了却一生。现在突然来了一个这样的故事,真是让人解气啊!然而,现实我们还是要面对,这个故事不仅没有解决问题,还使得很多人逻辑混乱。在看这个关于渔夫和富翁的故事的时候,我还发现,还有好几个版本,同样一个故事,还想阐述不同的人生感悟,然而这些感悟跟我之前谈论的人生感悟一样,都是歪道理。

即便是讲述同一个道理时,渔夫和富翁的对话都不同,讲述的方式也不一样,这不得不让人怀疑,鸡汤作家为了说明一个自认为很正确的道理,经常不惜编出一个故事来。

# 你的傲娇一文不值

◇正儿

上大学的时候，我有一个室友，叫蓉蓉。她的家境挺一般的，大二开始就去新东方做兼职老师。

蓉蓉这人挺奇葩的，经常是我们宿舍五个人还在睡梦中的时候，她就背着沉甸甸的书包悄悄出去了，姐几个睡眼惺忪地端着脸盆出去洗漱的时候，她披着尘土和疲倦刚刚从外面回来。

于是我们一直很好奇，这么卖力地做兼职，能挣多少钱？

那天晚上我们卧聊，大家叽叽喳喳地问她："你一个月能挣多少钱？"

"八百块，超过八百的话还要扣税呢！"

"哦！那刚好是我爸给我一个月的生活费。"我表示。

"我爸一个月给我一千五呢！"小宁说。

"我爸一个月给我五千，要买衣服再打电话问我妈要钱就行了。"小月嘻嘻哈哈地说。

我们几个人当中除了她，家里都是小康以上水平，吃喝不愁，无人压迫，于是我们对于她出去兼职的事情都感到很不屑，背地里还尖酸刻薄地说她，拿用来学习的时间去做兼职，以后是不会有好前途的。

那时的我们都是二十岁出头的年纪，我们很少憧憬未来，大家都斩钉截铁地以为，只要一毕业，未来就会为我们插上粉红色的翅膀，飞多高、飞多远，由我们自己决定。

我们带着强烈的小资家庭出身的傲娇，看不上这个，瞧不起那个，觉得为别人打工什么的，简直是自掉身价。

之后她还是继续在新东方上课，我们这五个姑娘感叹于她的坚强，不过还是坚持着我们自以为是的傲娇。

两年之后，她成为新东方朝阳名师，上课的时候还有助教协助。她上一个小时的课时费飙到了260元，一对一的话一个小时是500块钱，前提是要看她有没有时间。

还有一件有意思的事情。

上大学的时候我们系有一个男生，削尖脸、短下巴，讲起话来声音娘娘的，头发油油地趴在脑门儿上，衣着也极其老土，总是穿一件介于棉和化纤之间材质的土黄色衬衫，里面还要露出一截高领秋衣。他这人喜欢跟人打交道，可是女生们都嫌弃他寒碜，不愿意跟他聊天。

他好像喜欢读书，建了一个500人的QQ群，他拉了不少人进去，可是大家都不愿意，首先，我们天天读课本，干吗还要再读书？其次，这是一个有着奇怪组织者的奇怪的组织，大家纷纷闪进又闪退。

他把这个群坚持做了好几年，后来又做了自媒体，然后现在居然有自己的公司了,让那些因为他其貌不扬藐视他,因为他目的性明确疏离他的我们,都觉得惊奇不已。

现实中的很多人,都是这样的心态。

出身可以,长相可以,学历可以,人品也可以,于是就觉得自己有资本傲娇,嫌弃这个嫌弃那个,最经常说的话就是:"那有什么呀,我也能行。"

真的行吗?试试就知道了。

培训老师没那么容易当,自媒体人也不是那么容易做。

很多人包括我自己,由于成长经历的原因,容易对自己的能力有夸张的认识,有些人因为自己是白皮肤傲娇,有些人因为自己是中产阶级出身傲娇,有些人因为自己有男朋友傲娇,有些人因为自己有幽默感傲娇,但往往就是因为这小小的优越感,阻挡了你进步的空间。

谦虚的人都在往前狂奔,骄傲的人却滞留在原地孤芳自赏,到头来才猛然发现,自己的傲娇一文不值。

假如你不想那样,就抱抱拳,同傲娇说拜拜,从你的神坛走下来。然后你会获得成长,这个成长的标志就是,你会明白所有人都有可学之处。

# 没有一件了不起的事情，是你自己一个人完成的

◇何炅

小的时候，我是我们班黑板报的负责人，每一期换黑板报的时候我都很晚才回到家。

终于，妈妈忍不住了，在一天晚上，拉住了我。于是，我们发生了下面的对话。

"你为什么这么晚才回来？"

"我在出黑板报。"

"出黑板报怎么会需要这么久？"

"因为所有的字都是我写的，所有的画也都是我画的。"

"你们黑板报组不是有那么多人吗？怎么都是你在弄啊？"

"第一，我觉得上了一天课，大家一定都累了；第二，我觉得我写字和画画的速度都比他们快，所以我宁愿自己辛苦一点儿。"

后来，妈妈把我拉到椅子旁，严肃地对我说："你可以一次这样，可以两次这样，但是我告诉你，你长大之后会发现，没有任何一件了不起的事情，是你自己一个人能够完成的。一定要记住这一点。"当时我就愣住了。

人的成长是需要时间的。妈妈这句话，并没有那么及时地改变我的观念。

当时的我虽然被震撼了，但是我的固执依旧让我按照自己的逻辑做着我认为所有我应该做的事情。

直到几年前，我终于感受到了分身乏术。

在那之前，我没有助理，也没有经纪人。即使是在最忙碌、最劳累的时候，所有的工作都是我一个人完成的。

但是，当事情真的堆积到我无法估计的繁多时，我难免会因顾不过来而犯错。

我记起了妈妈说过的那句话，并开始理解那句话的意思。拍《栀子花开》时，我再一次想起了妈妈的话，也才真正懂得了妈妈的意思。

进入剧组的第一天，我开始有了管理的意识。

这次我发现，管理和管家是不一样的，管理更注重统筹、分配以及整合。

现在的我知道，团队更重要。所有的人在一起协作做好一件事情，结果会比一个人单打独斗更好。

因为它融进了所有人的宝贵智慧。在成为一个管理者的路上，我的眼里不再只有自己，更多的是一个团队。

拍摄期间，慧雯因为急性肠胃炎病倒了，到了舞蹈戏拍摄的那天，虽然她的身体状态极差，但我们必须要在那天拍完。

我也想过实在不行就只拍她的脸，不拍她跳舞，可事实上那场戏就是要跳舞，于是我就安慰她说尽量只跳一两遍。

其实我的内心很崩溃，因为我只有这一次机会拍这场最重要的舞蹈戏，而四个女孩里只有慧雯是舞蹈专业。

她本来是我拍这场戏的重要角色，结果她的身体差到基本不能站起来，连走位试光都是坐在旁边，看着我们走位。

我也想过不能这么拿演员的身体拼，可是，如果不好好拍，这么重要的戏份，我觉得最后演员自己也会很遗憾的。

于是，我一遍遍地安慰她、鼓励她，更重要的是我在要求她。

这是以前的我不会做的事情，这对我来说是个颠覆性的转变和成长。

到最后，慧雯带着病跳了一整天，完成了拍摄，最后成片里没有人会看出她当时病得连站都很困难。我，学会了对别人提要求，甚至是很难的要求。

妈妈说过的很多话，潜移默化地影响了我几十年。

独独这句话，一度在很漫长的时间里沉入黑暗，直到机缘到的时候才渐渐显现出来。

时隔三十几年，这句话开始让我改变，帮助我完成了一次很重要的成长。

在这个年纪，我仍然相信自己还有很大的成长空间，我还有很多的不完美和缺陷。

成长不能急迫，这是个需要耐心等待和积累的过程。

正如我到今天才明白：没有一件了不起的事情，是你自己一个人能够完成的。

# 一直太成功,就不知道还可以得到什么"更好的"

◇刘威麟

有什么时候,是成功的人比较失败,而失败的人比较成功的呢?

以下的答案很有帮助——

有一群朋友固定几个月就聚餐一次。其中一位朋友,每次聚会,几乎都会递出一张"新名片"。

"什么?你又离职了呀?"大家问。

"对啊!水土不服……"他说。

过了几个月再次相聚,没错,他果然再度换了工作,这次大家蛮惊愕的,怎么有人会这么频繁地换工作啊?

"怎么回事?上次那个外企不是不错吗?"大家问。

"谁说的?主管超高压的,刚好碰上裁员,我被迫离开了。"他说,"还好,这次找到一份更棒的工作,猜猜看在哪里?"

原来是知名的企业,薪水高,地位高,应该不会再换了吧?

过了三个月,没想到,没错,他又离职了。"唉,真的好像都没有我喜欢的地方。"他说。

刚好这时候,他那位交往两年的女友,也因为喜欢上其他人,和他分手了。

没有工作,没有女友,这个朋友看来心情真的有点儿low(低落)。"人生很失败,一直在重来!"他说。

每次都看他光鲜亮丽地递出新名片,这一次,是我们第一次看到他这么沮丧。

大家都想安慰他,不知从何说起,就在这时候,有一位学长说话了。

"唉,和你比起来,我更失败!"这位学长说。

"研究生毕业后,我面试第一份工作就被录取,十年来,都待在同一家公司。"

学长说,"我认识的第一个女生,就成了我女友,现在变成我老婆。"学长徐徐地说,我们很专注地听。

最后,学长的结论是:"我很失败,因为我从来都不知道,我还可以得到什么'更好的'!"

大家大笑,包括那位觉得自己一直换工作、女友也丢了的朋友也笑了!他也劝学长要"知足常乐"啊,云云。

但我细细品味学长说的这句话——因为一直都太成功,所以,他从来都不知道,他还可以得到什么"更好的"!

我想,在什么时候,是成功的人比较失败,而失败的人比较成功的呢?就是在这个时候了!

如果都不失败,那你永远不知道你还可以有多大的成功。你永远都不知道,你失去多少成功的机会。

唯一知道自己此生的"极限",只能用失败来确认。

失败的时候,你确认,你已经达到极限,这就是最成功的了,不会后悔。

趁你还算年轻,还可以承受失败的时候,多来一点儿失败,不然等到已经"败不动",老态龙钟的时候,就只能抱憾一辈子了!

# 你爱的是他还是幻想的他

◇苏芩

有时候我们以为自己正在爱那个人,但实际爱上的却是自己的幻象。

一见钟情时,我们往往爱上的是想象中的完美爱人,而不是那个现实中一见钟情的对象。我们幻想他有一切美好的特质,具备所有我们希望他具备的东西。如果此时别人不识时务地指出他不是我们以为的那个样子,那么我们就会选择听不见、看不见。

想要找一位能够无底线地包容和保护自己的伴侣,其实是想给自己找个父亲或母亲,因为只有溺爱孩子的爸爸妈妈才能做到那样。退回到孩子的状态,放弃照顾自己的责任,甚至放弃独立思考的能力,对于一些人来说有着无比的吸引力。

严苛地希望伴侣处处和自己一致,不允许对方有一点点与自己不同的想法的人,他只是爱上了他自己。他自恋地认为自己的一切都是好的,是对的,伴侣应该无条件地拥护和遵从,否则就是不爱他。这实在是一种小孩子的想法。

在择偶时一味地要求对方有这样那样的外在条件（车、房、地位、学历、外表等）的人，他爱的是那些条件能够带给他的安全感，以及他想利用伴侣的条件来填补他自己内心的空洞感，那么他的眼里根本就没有那个具体的人。并且，他所要求的那些条件，往往是他自己并不具备的（有时候是表面具备，但他内心里不认为自己已经拥有），也就是说，他也许想要通过得到一位具备理想条件的伴侣，来弥补自己内心的缺憾，来衬托自己的优秀，或者，干脆就是让他觉得有面子。

最后，当男人面对两个女人，而最终选择那个看起来比较弱小的女人时，他其实是在用弱小的、依赖性强的伴侣，来让自己有强大的感觉。而这样的做法，恰恰证明了他内心的无力感，会让他后来的生活变得更加不容易。

亲爱的朋友，当你为了爱情感到困扰无助时，不如停下来问问自己：我爱的究竟是什么？是那个人，还是那个人之外的其他东西？

# 两个女孩的"功利爱"悲剧

◇尹文思

关于我的宿舍楼，不得不提一件事。几年前，就在这栋楼里，一个中国男生把一个中国女孩活活捅死在宿舍里，最后把女孩的尸体塞在大衣柜里面逃跑了，而这两个人之前是情侣，而且惨剧发生的时候那个女孩马上就要毕业了。

美国警方立刻出动，很快在得克萨斯州的边境线上抓住了正要越境的这名中国男生。好多人的第一反应都是不相信。在所有美国教授和同学的眼中，中国留学生一向是安静的、用功的、小心翼翼的，尤其是这个男生，连和朝夕相处的同学打招呼、说话都不怎么抬眼睛，显得非常羞涩，却用这么残忍的手段杀死了自己的女朋友。

后来查明了原因，才知道是那女孩因为即将毕业回国，于是向男孩提出分手。男孩不惜下跪苦苦哀求，依然不能打动对方，于是准备了尖刀，把女孩约到自己宿舍里残忍杀害。据说那女孩的父母一心盼着日夜思念的女儿回国,一听到这消息,她妈妈当场就昏了过去。

而那个男孩的命运也因此改变,由于美国路易斯安那州没有死刑,所以要终生待在监狱里。宿管老师没有接着说下去,但我想起我看过的一部有关美国监狱的真实纪录片,监狱的生活生不如死,他的日子一定不会好过,那种漫长可怕的人生也许还不如直接挨一枪。

后来一次去参加教会活动,我才听一个原来与他们两个人都认识的当地华人讲,其实那女孩早在刚刚交往时就多次感到这个男生脾气暴躁,性格非常偏执,曾经动摇过在一起的念头,但由于自己在遥远的异国举目无亲,有许多实际而具体的困难,有个人在身边的确能帮她解决不少这样的困难,就一直忍耐将就下来。

这立刻让我想起了我小时候的一个邻居姐姐,她当时是院子里毋庸置疑的最美的女孩,可惜从小父母感情破裂,离婚后更没人要她,她只能住在她姨妈家。等她到了20岁,她姨妈见她越长越美,开始交男朋友,还喷香水,就觉得她迟早要出事丢人,便经常唠叨她、给她脸色看,她寄人篱下的感觉特别强烈。后来遇到一个男人,交往还不到两个月她就答应跟人家结婚了——原因只是那男人有一套自己的房子。可想而知,结局非常悲惨,她三天两头地被打回来,有一次在我家哭诉的时候,一条手臂抬起来擦眼泪,那上面触目惊心的凝着紫色血痕的伤疤给年少的我留下了终生难忘的记忆。

现在再听说这个中国女孩的故事,我真的深深地感到:女孩无论结婚还是恋爱,一定不能有干扰,不能有任何功利色彩——那个曾经美丽的邻居姐姐就是渴望通过婚姻和房子来脱离那个孤独冰冷的"家",而这个中国女孩也是为了在异国他乡能有个为自己解决实际问题的依靠,而没有舍弃一段其实已经令她感到不安的情感。

　　这里面真正的爱的诚意有多少?其实这两个女孩都不多。她们都是为了另一个更迫切、更实际的理由,匆匆交换了自己的青春和身体,然后付出了极不相称的沉痛代价。这代价与她们所得到的那处住所、那点儿生活便利相比,太昂贵了,这也是最让人辛酸的地方。

　　所以天底下正在恋爱或准备结婚的女孩们,如果你们发现,要和他在一起的目的性已经超过了本身想和他在一起的愿望时,请务必三思。

## 我爱着"男神",可不惯着"男神"

◇马樱花

粉丝对偶像的示好是五花八门的,比如因疯狂追星而家破人亡的刘德华粉丝杨丽娟;韩国天团BigBang队长权志龙的超级粉丝杜海涛现场求合影并单膝下跪;杨幂微博"示爱"李敏镐,被调侃"请自重"……在许多近乎于癫狂魔怔的粉丝堆里,极个别桀骜不驯的个性粉丝,表现得甚是有趣。

话说周星驰星爷来到某地,粉丝如暴风雨前的浓云,遮天蔽日而至,各种本子、杂志、T恤,统统往星爷面前一戳——请签名。人很多,星爷很忙啊,那字就签得龙飞凤舞、敷衍潦草。有个粉丝看到自个儿挤得汗流浃背竟得来这样一个鬼画符般的神签名,瞬间炸了:"你认真点儿好不好?"星爷从没见过一个粉丝有这么强大的气场,给震慑住了,他重新接过本本,老老实实、认认真真给人签了个看得清认得出的大名。

这是鲁豫讲的一个真实的故事,它告诉我们一个理,咱爱着腕,可不惯着腕。

奶茶刘若英有一次在江南拍外景,被围观。有一个船老大也来凑热闹,拿个本本找她要签名。奶茶促狭,故意问:"你知道我是谁吗?""怎么不知道?你就是那个……那个谁嘛。"

"谁呀?"

"这还用问吗?签,签吧。"

奶茶提起笔写了"李冬梅"三个字。奶茶的助理叫李冬梅。

船老大接过本本,一看:"李冬梅嘛,谁不知道啊?"说完得意扬扬地走了。

"大腕请自重,俺不知道你叫啥,俺只知道你为了啥,为了钱也为人民服务——给俺留个墨迹。"这是船老大的追星自白。

明代书画大家文徵明,写字特别下功夫,他把王羲之的字"抠"下来,组成一篇千字文,他要求自己每天写十遍,风雨不改。给人写信,若有一个字写得不好,就把信撕了,重来一遍。当然,沾了墨迹的废纸都捡起来,怕有人收藏,留憾后世。有一次他在市面上走,发现有人卖他的假画,他看到之后不但没生气,还在上面加了几笔,署了名题了款,好让卖画和收画的主儿都高兴,也能赚点儿钱。

有一天,齐白石在街上发现有人卖他的假画,非常生气,就骂小贩。谁知小贩很雅,就拿文徵明的例子教训齐白石,说:"你看人家文徵明,是什么样的气度。假画价廉物美,正好卖给穷人,让穷人也能欣赏。至于你的真画真品,自然有有钱人会去收藏,你为什么这么想不开呢?"

瞧瞧,这粉丝不但通今,知道齐白石的画值钱,还博古,懂得文徵明的名士风流。一番掷地有声的高论把齐白石抢白得老脸绯红，欲言不能。这个小故事间接说明，架子大可以，你气量不大不中；当土豪可以，不容俺们分杯羹不行……

要说当下某些凭炒作、包装、整容和拼爹、拜干爹而起家的所谓腕们，卖艺的技术含量不足，自身含金量不高，其吸引力自然也就属限量级的了。"我捧你的时候你是玻璃杯子，松手的时候你就是玻璃碴子。"粉丝如是说。

# 浓情蜜爱也会过劳死

◇吴淡如

我看过这么一对情侣。他们真是郎才女貌。男方英俊高挑,有才华也有幽默感;女方美丽大方,学历家世都好,说话又娇声细气,总是小鸟依人状。他们在某个宴会中认识了,从此互相吸引,很快宣布结婚。

第一次在我面前出现时,他们结婚刚满10个月。就算在许多不认识的朋友面前,两个人也会十指紧扣,每说一句话,都会看对方眼色,仿佛在征询对方的同意:"亲爱的,我这样说对吧?"另一方便微笑颔首,表示赞许。新婚燕尔就是这个样子,不吝于"晒恩爱"和"放电",没有人不羡慕。他们也公开谈起努力想生小宝宝的话题,眼里溢出的满是甜蜜。他们24小时形影不离,女方要工作,男方一定推掉所有事情去陪她;男方出国洽谈公务,女方有再好的工作机会都可以放弃。"我们找到了身心合一的伴侣。"他们说。

然而，就在结婚还不到一年时，他们宣布离婚了。"我们和平分手，因为爱在一起，也因为爱而分开。"

他们说，分手其实没有真正原因，就跟爱上一个人未必有什么确切的理由一样。然而，在我看来，对情人来说，相恋时24小时都黏黏腻腻在一起，铁定是最危险的决定。两个人不管多像，多相配，毕竟是不同个体，分分钟相黏，很容易因为小事摩擦而累积不悦感，一直配合对方，也难免感到牵强。由黏到烦，进展的速度会很快。黏久了以后，先说出"我要属于我自己的时间和空间"的人，往往也会有相当的罪恶感；另一方则会感觉到"你是不是不再那么爱我了"，患得患失。若继续为对方牺牲下去，心里没有委屈也不可能，无法宣泄时，爱就会转成怨。24小时的黏腻，会让我们在极短时间内发现情人的所有缺点，又因为两个人还黏在一起，没有足够时间让自己去消化和转化，积聚的负面能量，可能在一夕爆发。

中国山水画中，留白的艺术是很重要的一种。爱情一样需要留白，是的，为了让他有时间想你，再爱也要适时走开。太黏，爱情会过劳死的。

## 你以为看到了爱情,说到底不过是命运

◇傅踢踢

20年前看《大话西游》,为了刻意的桥段和经典的无厘头大笑不止。10年前重温,看到紫霞身披嫁衣,一时就泪湿眼眶。如今,熟稔的剧情和台词再重复一遍,忽然就怔在那里。

一部流行电影,解读了20年。当初,我们以为在电影里读懂了爱情,眼下却恍然惊觉,说到底,不过是命运。换来的,是与命运的和解。

所有的喜剧片,万变不离其宗:人生何处不尴尬。微妙的尴尬掰扯开,才有出人意料的转圜与惊喜。至尊宝和山贼们遭遇春三十娘是尴尬,引来白晶晶和牛魔王更是手忙脚乱,但在紧密的主线上铺撒细碎的笑点,也便圆得过去。

可尴尬过后,化解不开的,是矛盾。《大话西游》里贯穿着两重矛盾。一是救人。至尊宝为了救下白晶晶,无奈使用月光宝盒,却回到500年前。恰是在那里,遇见紫霞,成为托世的孙悟空。可当牛魔王来袭，至尊宝却无从取舍：不取西经，就救不了紫霞。一旦成为孙悟空，又无法和紫霞在一起。

这又引出了更深层的疑难：一个人的一生，未必只爱一个人，却只能和一个人走到最后。至尊宝以为自己爱的是白晶晶，为了她穿越时空。但在另一重天地，纵然昏迷时喊了98次"晶晶"，紫霞的名字却叫了784次。

年轻的时候，当然会像紫霞那样，期盼纯粹的爱情。面对二郎神和四大天王的追捕和质问，紫霞扔下一句"如果不能跟我喜欢的人在一起的话，就算让我做玉皇大帝我也不会开心哪"。

在城墙下，抛出"他不喜欢我怎么办？他有老婆怎么办"的问题，听到至尊宝回答"你管他那么多，上天安排的最大嘛"，脸上也浮漾起明净的笑。在紫霞这里，爱一个人不需要理由。她只深信心爱的人会身披金甲圣衣，脚踏七色云彩而来。然而现实却总是行差踏错。之于至尊宝，接近紫霞是为了拿到月光宝盒，可是，铅华洗尽、劫波渡尽，当至尊宝为了救紫霞再念起那段台词，眼前只剩下漫漫的西天征途。

太多人看哭，是为了理想爱情的殒灭和人事离合的蹉跎。年轻时我们不懂爱，明了之后，又错过了最好的时光。

会有这样的想法，大抵还是倔强的年纪，以至于不愿承认，有些矛盾，一生都无计消除。

命运安排至尊宝不可能安心做个小山贼，不会迎娶白晶晶，终将遇到紫霞，而后错过，重走西天路。一如命运框定我们中的大多数，固然，"紧箍咒"下也有一时的悲欣，可说到底，成熟收获所得，也伴随失去，猜得中前头，也猜不着结局。

我们愈加意识到，世界上有太多难以回避的枷锁，有观音也有牛魔王。置身此间，心里的一滴泪其实无足轻重。自由除了洒脱还意味着责任，爱情时而幸福也终归有痛苦，凡此种种，我们别无选择。

曾经如此钟情《大话西游》，因为那是理想的结晶。可如今，看到影片结尾，漫卷狂沙的戈壁上，师徒四人只留下渺小的背影，内心反倒生出由衷的平和。

有人说，《大话西游》再度走红，因为80后也开始怀旧了。其实，只是曾经的莽撞少年开始懂得：盖世英雄和一生所爱都是敢做敢恨的"少年游"，理想的阴影下，才暗藏生活的本质。生亦何欢，死亦何苦，唯有珍惜当下，努力前行而已。

《大话西游》的好在于，笑、泪和深思藏在同一个寓言里，答案都留给了时间。

前后桌是世界上最温柔的
距离,
抬眼是你,闭眼是你,
就像我对你的喜欢,
小心翼翼,藏在心底。

# 粉丝进化史——从很淡的深情到很浓的狂热

◇ 葛怡然

追星,是一门技术活,无论粉丝是哪种类型,无论是娱乐启蒙的年代,还是娱乐爆棚的现在,粉丝和明星的关系,从来都没有改变过,那就是:有什么样的明星,就有什么样的粉丝。

一

2014年,李宗盛的演唱会名叫"纵然青春留不住"巡演,北京一站,老李唱足全场。场下,是追随老李多年的粉丝,他们人到中年,衣着考究,女人妆容精致,男人老成持重,可是,当《山丘》响起,当《爱的代价》的前奏飘过,心底的那个东西,忽然被撕裂——多少年少时的梦,早已被生活稳重地封存起来,分解成了柴米油盐酱醋茶,但这一晚,就允许自己放纵一晚,将一层一层的面具揭下,然后,和许多人一起,用眼泪毫无保留地冲刷。

用谭盾形容李安的话叫作"有一种很淡的深情"。很淡的深情,中心是深情,但表达方式,却是淡的。

他们是这样的一个群体：克制、礼貌、专一、长情。可以喜欢一个人足足20年不说一句话，然后，在偶像开演唱会的前一夜，跨越一座城，听完之后回家，该干吗干吗。

二

斗转星移，从《超级女声》第二届开始，粉丝和明星的关系，已经悄然发生了翻天覆地的改变。

2005年，"玉米""盒饭"，被命名为一个粉丝群体的特殊名称，这个群体，跟着明星出道，伴随明星走红，力捧明星作品。不仅仅给媒体和大众带来了新鲜的热词，还颠覆性地参与到了造星运动之中。

"这是春春最新一期的封面。"微博里，一位玉米转发李宇春的某一期杂志封面，从偶像出道到今天，她也已经成了"玉米"的核心人物，是"玉米"一份内刊的主编，这份内刊，满满全是李宇春的近期动态：新电影、新歌、新专访。

镜头切换到2009年，李宇春到一家地方卫视参加一档公益节目录制，当地玉米井然有序地等候，那场面用一个字形容：爱；用两个字形容：壮观。

2011年，韩庚出演的电影《大武生》上映，在发布会现场，到场记者人人收到一个贴心小礼包：除了扇子、清凉油、矿泉水外，再奉送一个"庚饭"充满谢意的笑脸："把我们韩庚写好一点儿哦。"

在这样的细节和坚持中，"玉米"和"庚饭"显示出了粉丝的强大力量，这种力量，不是盲目追逐，而是冷静有序——他们自成组织，分片作战，以区域性划分，有特定的联系人，一呼百应，有统一的行动规划，某种程度上，他们充当了经纪公司的一些功能。

他们在偶像每一部作品大卖的背后,默默贡献。

### 三

除了"玉米"和"庚饭"这种冷静型粉丝,气质最恬静最讨人欢喜的粉丝还有花痴型,代表是钟汉良的粉丝。

但是,另一类粉丝却非常狂热。郭敬明《小时代》系列疯狂吸金过10亿,一路被粉丝力捧,直接把这部电影送上了4天票房就过3亿的宝座——在粉丝面前,内容和口碑似乎都是浮云。

和郭敬明的粉丝有一拼的还有五月天的粉丝。"办五月天的演唱会,确实赚到了钱。"一位二线城市演出商这样评价,"他们的粉丝太铁杆了,可以坐飞机从一座城市到另一座城市追他们的演唱会,而且要求最好的票。"

郭敬明和五月天的粉丝,最大限度演绎了什么叫粉丝经济——他们是经纪公司最喜爱的群体,也是明星最爱的群体,他们对明星的狂热,直接的表达就是掏钱。是啊!在浮夸的娱乐圈,还有什么爱,比这个更简单直接粗暴呢?

### 四

作为公众人物的明星,行为举止,将会对粉丝产生巨大的影响。

有的明星,会收取粉丝礼物,比如韩国明星朴施厚就曾经被曝光让粉丝购买苹果笔记本等昂贵礼物;有的明星,犯了错误,却还被粉丝轻易原谅,比如吸毒的柯震东;而有的明星,一直教育粉丝"听妈妈的话不会错""弹钢琴的小孩儿不会坏到哪里",比如周杰伦。

对于年纪尚轻的粉丝来说,明星的一句话、一首歌、一个号召,就像一个甜蜜的蛊惑,很容易就灵魂出窍,不明就里地跟着模仿和学习。这样看来，所谓"艺德"，都必须是镌刻在明星心里，该时时刻刻被牢记的，那意味着一种责任和榜样。

曾经因为被谢霆锋的粉丝们感动，导演王晶决定要为他们拍一部电影，名叫《疯狂粉丝王》，即使是在影片中肯定了执着的粉丝，王晶还是通过片中邮递员古巨基的口，对所有粉丝说："过度沉迷于偶像是一种病态。"

揭开光环背后一面，你才会发现，明星原本没有你想象中那么美。所以，即便你还年轻，即便你对明星充满热情，也要时刻保持理性，什么时候，能够有来自粉丝内部经过思考的声音，有来自明星更多正面的以身作则，这两个唇齿相依的群体，才会相互帮助，和谐生长，而不是咬到鲜血四溅。

因为，一个人的人生，永远不能托付在另一个人身上，更何况，那另一个人，是本来就遥不可及的明星。

# 爱情是对对方的高估

◇李银河

　　弗洛伊德多次讲到，爱情是对对方的高估。中国更有古谚云："情人眼里出西施。"就是这个意思。凡是能出现在古谚中的，必是千百万人的实践经验。

　　当激情发生时，看对方一切都好，美不胜收，其实在他人眼中，他不过是个普通人而已，并没有什么太特殊的。最令人百思不得其解的是，即使心里明白这个道理，激情仍在，高估仍在。既像是故意为之，又像是身不由己。人沉溺在激情当中，身轻如燕，腾云驾雾，懵懵懂懂，甜甜蜜蜜。有时候虽然只是一厢情愿，那感觉也并不逊色。恐怕贪恋这种感觉，就是人愿意陷入激情的原因。

　　高估也好，低估也罢，那人只是一个生动的存在，他哭，他笑，他悲，他喜，他说话，他做事。你在旁观，带着欣赏的心情，喜不自胜。有时候，看到他的缺点，只觉得稍稍有些遗憾，并不妨碍对他的美好感觉，有时拿他的缺点跟他调侃一下，他也未必不知道那是自己的缺点，只是不愿意改正，或者没办法改正，只好由他去。缺点使他显得更真实、更具体，而不那么虚幻，不那么抽象。人无完人嘛，只有在虚幻中人才是完美的。

　　在那些无法实现的激情当中，人只是自得其乐，像享受一本书、一部电影、一个故事那样，享受一个现实的关系，这关系完全无法归类，它既非亲情，亦非友情，甚至算不上爱情，只是人的一种感觉而已，只是人心灵的一道闪电，只是人脑波的一段波动。它既可以随时消失，也可以永存，只在自己的一念之间。

# 千万不要喜欢上你的男闺蜜

◇穆晓年

他高我两届。

最初认识的契机是借鼓——同为鼓手,不同乐队;最早熟识是在那一年的寒假。

我不怎么合格地暗恋过他一段。他不是特别高,身材也没那么好——但是穿格子衬衫的样子很帅。

他是出国党,高三的寒假对他而言,除了等offer(录取通知)几乎是毫无压力。他对我很好,不幸的是他几乎对所有人都很好。那个寒假我们聊了很多,从彼此的感情史聊到未来的打算。而我是个在假期就日夜颠倒作息混乱的代表,所以时常两个人一聊就聊到天亮,我称之为"夜聊"。

我是个特别喜欢吃草莓的人,半夜的时候他总是刺激我说"我去拿草莓吃,你等一下",然后大概吵吵闹闹的他就欠我一顿草莓了。整个寒假的谈话现在回想起来还清晰留在记忆里的已经不多了,可是这顿草莓的印象极其深刻——因为这几乎是之后每一次谈话或见面的必提内容。毕竟,开玩笑地问"你欠我的草莓什么时候还"应该算是个不烂的对话开头吧。

我本来就是一个容易动感情的人。当时刚失恋,再加上这样一个寒假的持续聊天,我觉得我好像喜欢他了。说是不合格的暗恋,因为这份感情很间接地表达过,所以他其实是知道的。开学后,原本的聊天还在继续,但没有那么频繁。几个月后,我不想再煎熬在喜欢与不被喜欢却依旧相互关心的状态下,我决定改变自己对他的感情。然而我又太怯懦,所以忘记或是摆脱一段感情的最好的方法就是彻底断了联系。

不得不说那段时间挺不好过的,一种刚熟悉起来就被推开的感觉。心情低落,总一个人在半夜哭,总在回忆,越回忆越难受。

但总之就这样,突然断了联系。直到那年九月,他去了西雅图,我到了曼彻斯特。我们在地球的东西部,时差三个小时。

都说出了国就是亲人,时差三个小时不算太多,所以联系得并不是很少。他和女朋友分了手,也失落了一阵,然而三个人还是出国后的小群体,尽管都不在一起。

十一月的感恩节假期难得地通了个宵,两个人又一次聊了很多。时隔大半年后的又一次深夜夜聊的感觉很让人怀念。我在电脑前捧着热咖啡,敲着键盘,裹着毯子还是有点儿冷,但心里乐着。

总觉得和你有一种奇怪的亲切感……是胖胖相惜吗?

我还没有你胖……

你要是比我胖你就完了……

就像回到过去了一样,一个晚上聊了几十页的天。

我不停告诉自己,别一次又一次毁了难得的知心的异性朋友。

千万别喜欢上你的男闺蜜。

你什么时候回国?

明年六月,怎么了?

有些话我想要当面说。我们有空半夜去爬个山什么的吧。

你不怕摔死吗……

我怕你尖叫吓死我,其他倒没什么。

我还想去大理,夏天去吧。

你陪我去丽江我就考虑陪你去。

我圣诞回国,有没有啥东西想要的?我回去带来邮寄给你。

想好了就告诉你,放心,我不会客气的。

那个晚上,大概是我到美国之后感觉最温暖的夜晚之一。也因为那一次的感恩节,让我彻底喜欢上了这个节日。

故友重逢,又一次彻夜聊到天明。

在那一天到来之前,我很花痴也很白痴地幻想过好多次他说的爬山的场景。我还想过自己会不会以同样的方式、同样的理由喜欢他第二次。

然而事实证明,现实永远没有那些青春文学和日韩美剧那样浪漫。我们的故事绝对没有你预想的那么狗血。

让我自己都觉得遗憾的是,到最后我也没有再一次喜欢他。

"你去年说要当面告诉我的是什么?"

"关于我的一段网恋。"

"这就是你大半夜把我叫出来爬山要讲的事情吗……我、要、回、家!"

尽管是七月,凌晨的山头也还是有凉意的,再加上好多虫子飞来飞去——我最讨厌的就是各种虫子——我有点儿坐立不安,时不时还打几个喷嚏。爬到山头是凌晨四点左右,天还黑着。他不经意递给我放在包里的格子衬衫,我们坐着聊了很久很久。

约莫五点,天开始亮了。

我们面对的是西湖,荷花正开,我相信那上面垂着露珠。

那是我生平第二次看日出。

下坡的时候我总是故意走得很快,却表现得像受重力影响停不下来一样,所以一直走在他前面不远处,时不时回头看看他。好奇怪,我自己也不知道为什么会这么做。

"喂,傻瓜。"

我回头看了他一眼,继续走:"欸,第一次听到你当面叫我这个。"

"做我女朋友吧。"

我有点儿吃力地停下来——原来真的是受重力影响。他走到我身边,我没看他。

我不得不承认那一刻我心中是激动的,是想要说"好"的,是想要一下子扑进他怀里的,是想要拉起他的手冲下山去的。我通常是一个感情大过天的感性泪包,然而那一次我决定用我这一生为数不多的理性做决定。

我抬起头看着他,微笑着说:"我不要。"停了几秒,"要是成了你女朋友,你以后心里话和情感问题找谁说去?我这是为你好,作为回报,快请我喝咖啡,大半夜来陪你爬山,又累又困!"

他愣了一下,也笑了:"走吧,请你吃好吃的。"这一次换他走在了我前面。

"我好不容易瘦下来了,你别想把我喂胖了。我才不要和你胖胖相惜呢,大胖子!"

他没理我,继续走。但我知道,他一定笑得很开心。不是因为那句"胖胖相惜",而是别的什么我也说不清的原因。

我还披着那件格子衬衫。

后来天热起来,想要把衣服塞回给他。

"穿过了想就这么还给我?回家洗了下次再给我。"

"你真是洁癖。"

"有什么办法,被那两个浑蛋室友给逼出来的洁癖。听话,拿回去。"

作罢。我收起衣服,塞进包里,快走几步追了上去。

我永远拗不过他。

后来直到最后,我也没能把那件格子衬衫还给他。

后来我才知道,他就是怕我冻着,特地那天给我带了件格子衬衫。

我也从来没有告诉过他,他穿格子衬衫的样子很好看。

# 命运赠送的礼物，早已暗中标好了价

◇麦九

得知周姑娘恋爱了，我整个人都不好了。为什么？

这是个看脸的世界。周姑娘和我一样，都是来自"死也穿不对星球"，朋友聚会，每次她出现，世界自动静止三秒钟，而后，飓风狂卷而过，同志们痛心疾首——求求你，好歹把自己整整再出来！

周姑娘不会打扮，由来已久。读书时，周姑娘是学霸。学霸在学生时代还是很受欢迎的，就连风靡高中的播音小王子都对周姑娘青睐有加，约见一面。

这是约会吗？跟男神约会，这样的人生简直不能再美好了！

周姑娘溜进妈妈的卧室。大红色口红，烈焰红唇好像很高贵的样子，必须擦；高跟鞋，不合脚，但为了有大长腿，拼了；裙子有点儿老气，也不合身，为了优雅，穿。周姑娘对着镜子，感觉自己美美的，自信心爆棚地出门了。

结果可想而知,小王子见到周姑娘,跑得简直比脱缰的野马还快。

高中毕业后,终于不用穿校服了。身边的姑娘一个个脱胎换骨,修炼得风情万种、美貌可人。只有周姑娘心如止水,如日落星辰,坐在图书馆。

等周妈妈醒悟过来,周姑娘只能去相亲了。每次坐下来,不超过10分钟,相亲男们就落荒而逃。周姑娘茫然无措,不知道做错了什么。

她想做一个最好的自己。她把时间用在修炼自己身上,她很努力,看很多书,学很多事,她想为未来的他变得美好一些。

可现在,谁会坐下来,哪怕花三分钟时间,从她简单的外表下发掘优秀的内心?"死也穿不对星球"的人在看脸的地球是找不到男朋友的!

可周姑娘竟然有男朋友了,而且简直英俊得没朋友!我严肃地问:"是不是租的?"周姑娘笑得粉底都要裂开了:"是真的,不要钱!"

就在周姑娘决定这是最后一次相亲时,她精心打扮,骑着电动车去赴约,路过好大一个水坑。周姑娘停下来,思考着如何技术规避时,一辆车直接驶过,毁了周姑娘试了三个小时才定下来的衣服!重点是他没减速!

周姑娘怒了,一个漂亮的神龙甩尾,挡在车前面:"下车,道歉!"那天下着雨,雨水把周姑娘的妆都弄花了,整个人狼狈不堪。司机一时没反应过来。行人说她就想要点儿钱,周姑娘一动不动:"下车,道歉!"

司机下车道歉,给钱说赔她衣服,周姑娘没接。后视镜照到不忍直视的脸，周姑娘想到接下来的相亲，本想不去了，又觉得爽约不好，起码去留个口信，不能让人空等。雨水打着周姑娘的脸，冰凉。

周姑娘去咖啡厅留了口信，出来时，忍不住哭了，直到有人递过来一块手帕。是那个司机，偶像剧般，也是她的相亲对象，后来成了她男朋友。

他在周姑娘最狼狈不堪的时候遇见她，他看到她满身泥巴惨不忍睹，也看到她倔强明亮的眼神；他看到她固执地逼自己道歉，也看到她原谅别人……他看到她被大雨淋湿的心，正直、勇敢和善良。

周姑娘说，有时候，你需要契机。你盛装出席，却像一块顽石。世界是珠光美玉的丛林，人来人往，没人看得到你。但你要等着，不要急，做最好的自己。

总有人会看到你，粗糙坚砺的你，风吹雨打的你，那时，你被打得伤痕累累的心，会被温柔一一抚平。

# 为什么你要和靠谱的人在一起

◇风清扬

巴菲特每年都会同大学生进行座谈，在一次交流会上，有学生问他："您认为一个人最重要的品质是什么？"巴菲特没有正面回答这个问题，而是讲了一个小游戏，名为《买进你同学的10%》。

巴菲特说："现在给你们一个买进你某个同学10%股份的权利，直到他的生命结束。你愿意买进哪个同学余生的10%？你会选那个最聪明的吗？不一定。你会选那个精力最充沛的吗？不一定。你会选那个'官二代'或者'富二代'吗？也不一定。当你经过仔细思考之后，你可能会选择那个你最有认同感的人，那个最有领导才能的人，那个能实现他人利益的人，那个慷慨、诚实，即使是他自己的主意，也会把功劳分予他人的人。然后你把这些好品质写在一张纸的左边。

"现在再给你一个机会，让你卖出某个同学的10%，你会选择谁？你会选那个成绩最差的人吗？不一定。你会选那个'穷二代'

吗？也不一定。当你经过仔细思考之后，你可能会选择那个最令人讨厌的人，不光是你讨厌他，其他人也讨厌他，大家都不愿意和他打交道。因为此人不诚实，爱吃独食，喜欢要阴谋诡计，喜欢在背后说人坏话，喜欢过河拆桥、落井下石，等等。然后你把这些坏品质写在那张纸的右边。

"当你仔细观察这张纸的两边，你会发现能力强不强并不重要，是否美若天仙也无所谓，成绩好不好根本没人在乎。左栏那些真正管用的品质，全都是你可以做到的，只要你愿意行动，你就能拥有这些品质。而那些坏品质，没有一个是无法更改的，只要你有决心，你一定能改掉。如果你能够做到左栏写的，摒弃右栏那些，你就会成为人人愿意买入10%的人，更好的是你自己本就100%地拥有你自己了。"

我提到以上这个故事，是因为身边就发生了一件很有趣的事情。朋友T君遇到了几个搞游戏开发的朋友，他们搞了一款游戏，准备自己成立公司自己运营，但苦于缺乏投资，找了半年没找到投资商。于是拉T君入伙，准备一起找投资商。T君凭借自己多年的人脉关系，很快就找到了一家很大的投资集团愿意入资。可是那几个人发现，既然已经找到了投资人，T君就变成多余的人了，何苦还要分给他股份呢？于是他们踢走了T君，准备自己去签署合同。

你作为一个投资人，这样的合同你敢签吗？投资人怕的就是变来变去。你在最后关头将中间人一脚踢走，准备吃独食，这种事你能干，其他事你也会干出来，既然你这个人不可靠，那么具体你有多大能力、本事，都不重要了，因为反正也不会同你合作。投资其实投的是人和团队，最重要的就是可靠，而不是你的专业技能。水平不行还可以花钱雇更强的人，如果此人不可靠，那就彻底没办法了。

小时候喜欢看三国，几乎人人都知道，在武将之中能力最强的就是吕布，俗话说："人中吕布，马中赤兔。"但是后来被称为武圣的并不是吕布，而是关羽。

因为关羽具备两个身为武将最重要的品质——"忠"和"义"，吕布则是个三姓家奴，谁势力大就投靠谁。同样都被曹操抓住了，吕布原本还想找刘备求情，结果刘备说了一句："君不见丁原董卓之事乎？"于是曹操就把吕布给"咔嚓"了。

关羽投降之后，曹操对他大力投资，关羽也是知恩图报，先是斩颜良诛文丑，解白马之围，后又华容道放了曹操。曹操的投资有了很大的回报。如果曹操是个投资人，那他肯定是个顶级PE（股权投资者），因为他懂得看人。

诚信不仅是一种品行，更是一种责任；不仅是一种道义，更是一种准则；不仅是一种声誉，更是一种资源。就个人而言，诚信是高尚的人格力量，是人与人之间相互信任的基础。一个靠谱的人，往往更容易得到信赖和尊重。

# 友情里的一厢情愿

◇张小娴

我们常常会有一些美丽的误会,比如说,你以为某人是你的好朋友,然而,你在他心中那张名单上,却不是名列前茅的。

你有什么心事都向他倾诉,他与之倾诉的,却又是另一个人。

别人问你:"你有几个知己?"

你总是把他算在内。

别人问你:"你对知己的定义是什么?"

你总会把你和他的友情看作是知己的标准。

人总是难免有一厢情愿的时候。平安无事的日子,你不会去想,你视为知己的那个人,是否也把你当成知己。只有当你需要他的时候,你才会惊觉自己在他心目中的地位,并不是你想象的那样。

原来,对他来说,你只是一个比普通朋友要好一点儿的朋友。

你曾天真地以为,你们的友情是一辈子的。有一天,你需要他时，他会支持你，会站到你这一边来。然而，到了这一天，他原来只会袖手旁观。

他没有对不起你，只是你自作多情而已。友情有时候也像爱情，你爱他，他不一定爱你。不过，我们也许会对所爱的人深情地说："爱你是我一个人的事，与你无关。"然而，对于朋友，我们却没有那么壮怀激烈。

# 提到我妈，我只想呵呵

◇王语杉

提到我的妈妈，我很无语，如果非要我出个声，那我只有一句："呵呵。"

我的妈妈叫陈思。大家千万不要说什么"人如其名"这样的话，以为叫"陈思"的人就时常思考，或者是一个沉静的、安之若素的人。其实，这些跟我的妈妈都毫不沾边。

我妈妈的一天是这样开始的。早上六点半叫我起床，她就开始唠叨了，重复着自我上学五年来几乎每天要说的话："汤汤，起床去早读，马上。"

"大声读出来，叫我听见哦……读完了？读完了赶紧到 QQ 群里背一遍……背完了？背完了刷牙洗脸，刷牙要超过两分钟啊，脸好好洗两把，你看你那眼屎都还在眼角……"唠叨这些时，她正在厨房做早饭，一会儿跑来我屋看看，说两句，又去炒菜了……

就是事事唠叨，件件不落，直到我背上书包出门，她幼稚地装腔作势地来一句"宝贝再见喽",才结束。

中午放学回到家,从见到她开始,这个唠叨便从头再来……周而复始,从不改变,也从不改进。如果谁说她人如其名,我只有呵呵。

我的妈妈是个文学编辑,大概就是那种给别人改文章的人。

所以,你们懂的,她看不上我写的任何作文,说我的作文不是没有中心思想,就是语句不通;不是太幼稚,就是装成熟;不是没有好词好句,就是没用比喻、拟人、排比等修辞手法;不是开头不好,就是结尾太糟……

总之,我的作文在她眼里简直写得不知所云。有几次,老师选了我的作文去参赛,她竟给老师发微信说了一堆我作文的毛病,最后建议老师不要拿出去,因为没戏。

但她又从来不指导我写作文,也从不给我改,只在检查作业时,这个那个有的没的指一堆毛病出来。如果谁说有个当编辑的妈妈作文便会不费吹灰之力自然就好,我只有呵呵了。

我觉得我的妈妈是个多面人。她在旁人面前表现得很温柔,总是面带微笑、语气舒缓、声音柔美,说话的内容听起来都非常善解人意。可是跟我说话就完全不同了,简直是河东狮吼,此时她面目狰狞,眼睛瞪得跟铜铃一样。而且她翻脸就跟翻书一样快,这边正吼着我,那边接个电话马上就变身温柔小姐姐了。

她有一件衣服,白色底子,胸前印着一个张着大嘴的黑线条的大老虎头像。我觉得这件衣服特别适合她,这件衣服代表了她的内心,暗藏"杀机"。

如果有谁说我的妈妈很温柔,我只有呵呵了。

我妈妈似乎很自豪自己是个编辑,有时会不动声色地炫耀自己编了什么作家的文章,出了什么作家的书。但当她苦口婆心地教导我时,会没头没脑地忽然来那么一句无厘头的话:"少壮不努力,长大当编辑。"我晕,究竟当编辑好还是不好?

她究竟是自豪还是自卑?天知道。我怀疑她就是为了在我面前显得头头是道而堆砌句子。如果有谁说我妈妈因搞文字工作而非常有逻辑,我只有呵呵了。

我的妈妈有种本事,就是极尽旁敲侧击、含沙射影之能事地对我进行各种各样、各个方面的人身攻击。她不说我一个字,但说的每一个字都像剑一样直指我心。

比如,一家人好不容易抽空看个电视,她装作和爸爸聊天的样子说:"你看这个谁谁谁,人家现在这么优秀,你觉得他是整天在家看电视就变得这么优秀的吗?优秀的人不看电视,人家在电视里让别人看……"

我的妈呀!你们想象吧,我还能看成电视吗?

在这方面,她的道理是一堆一堆的,而且正着反着,都是她有理。什么吃青菜会漂亮了,吃萝卜对皮肤好了,练琴最少一坐两个小时了,运动有助长高了,练习书法有助凝气聚神了……都是她的道理。

而且每一个道理她张口就举出一堆例子,让我一时半会儿都想不出反驳她的事例。我暗下决心,一定多多看书,多了解各方面的知识,总有一天我会让她张口结舌,无话可说。

其实我的妈妈有时挺幼稚的。今年七月份时,她捡了一只小猫咪,为了省事给它取名小七。小猫咪一天天长大,在家里跳来跳去,她每天都要感叹一番,简直是一日三叹,说:"唉,我要是有小七那样敏捷就好了。"

有时她跟小七互相凝视,喃喃自语:"小七,咱俩换一天吧?你当我,我当你。"喊,我对此嗤之以鼻,简直是痴人说梦、异想天开嘛。

还记得我上幼儿园时,当时已经五岁多,她跟我在楼顶天台上玩,我扶着栏杆向上攀爬,其实我也不会爬多高,谁不知道那样危险啊。

她阻止我说:"汤汤别爬,小心蜘蛛侠给你抓走啊。"我的妈呀,蜘蛛侠是虚构的好吗?再说蜘蛛侠是正面人物,专门帮助救人的好吗?

唯一值得我提一下的是她还允许我看些闲书,她给我买的书我也比较喜欢看,比如《三国演义》《红楼梦》《水浒传》《西游记》,我最喜欢她买给我的《哈利·波特》,我看了好几遍,一遍一遍地看。

最后她忍无可忍,在我的好朋友来我家玩时,强行让我同意送给我的好朋友了,说真的,我依依不舍,再见,我的《哈利·波特》。

这就是我的妈妈,说真的,对于我们小孩儿来说,我很难挑出她有什么好。这些不过是生活中的九牛一毛,但是管中窥豹,可以想象。

有时候,她很过分地训斥我后,会自责,事后向我赔礼道歉,然后还会装着有意无意的样子问我:"汤汤,你恨妈妈吗?"

我看她真情流露,便实话实说:"当时恨,过去便不恨了。"

她大吃一惊,随后肩膀垂下来,声音变得小心翼翼:"你真的恨我吗?"

看她那大惊小怪、诚惶诚恐的样子,我只好安慰她:"当时你吵得那么凶,有时还揍两下,难道那会儿你让我爱你吗?我知道,你都是为我好,我就那么不喜欢你一下,有什么奇怪的。"

她听了这话,想了想,才算放心。我在心里笑她,她也不是多么强大嘛,还要靠我爱她才能在我面前变得强大。我算看出来了,她就是个"窝里横",只会在家里对我和爸爸嚷嚷。

我不想在最后说一句"虽然我的妈妈怎样怎样,但我还是爱她怎样怎样"这样的话,因为什么是爱,谁会真正懂?

就像我妈妈有时训我,她说是因为爱我;她拥抱我亲我时,也说爱我。她一天三顿给我做营养餐,逼我锻炼身体,让我学这学那,批评我、表扬我,时常吵闹,偶尔温馨……

如果这些都是爱,那么我也是爱她的。毕竟,世界上永远会有"妈妈"这个物种,仅此一点,这个物种应该是值得我们这些妈妈的小孩儿怜惜的。

不要问我为什么会在这里用怜惜这个词,我也不十分清楚。这是我刚学到的一个词,只可意会,不可言传。为妈妈点个赞,感谢她给的温柔。

# 在自拍中消失的人生

◇薛涌

最近在《纽约时报》上看到麻省理工学院的教授雪莉·透克的文章，开篇讲的是一段类似的事情，但用的是不同的角度。她有位朋友是喜剧演员，名叫阿兹·安萨里，在洛杉矶街头经常成为追星族的目标，大家纷纷拿着手机要拍照。他对自己的粉丝相当客气，但拒绝和粉丝合影，而是要和粉丝攀谈：你的音乐口味是怎样的？对我的哪段作品喜欢？有什么意见？等等。

粉丝们的狂热劲儿一下子退去许多，谈不出所以然来，最后带着没有和名人自拍的手机失望地离去。

雪莉·透克以研究新技术对人类生活的影响而知名，其《屏幕上的生活》《第二个自我》都是聚焦于计算机对工作习惯、生活方式、人际关系、自我形成等方面的影响。

2011年她出版的《孤独地在一起》，则是探讨移动通信技术对当今一代人的冲击。她用阿兹·安萨里作为例证来说明自己的主题：阿兹·安萨里主动和自己的粉丝们对话，难道这些粉丝蜂拥而至，不是要和自己有一些交流吗？但他马上发现：粉丝们要的不是和他互动的经验，他们要的是记录，即用手机自拍下和他在一起的影像。

自拍的功能就在这里：用摄像标出我们生活中的一个时刻，不惜为此打断我们生活的经验本身。久而久之，经验已经不重要，甚至干脆消失，只要能抓住那个镜头存到手机里就行。

为什么大家对用自拍记录自己的生活如此着魔？因为自拍的下一步是分享。套用笛卡儿"我思故我在"的句式，就是"我分享，所以我存在"。不自拍记录自己的生活，并把这种记录分享，似乎就是没有生活过。

其实，这种通过自拍记录下来的，并不是生活，而是生活的停顿。大家在那一刻都忘掉正在从事的活动，对着手机自我"冷冻"成形，中国人还特喜欢伸手打个"V"字。

于是，大家不停地自拍、传送分享。

这些活动，不仅在教室、会议中进行，甚至侵犯到剧场、餐桌、葬礼，甚至夫妻、情侣在日常生活中也举着手机各忙各的。

奥巴马在曼德拉的葬礼上和丹麦女首相施密特热络自拍，惹得第一夫人米歇尔一脸愠怒的照片，曾在媒体上走红。

可见，自拍如同病毒，不仅侵蚀孩子，也袭击成人。反省一下，我大学毕业后，一向不太注意到处留影。特别是旅游时，即使带着相机，往往也没有心思照，注意力多在当时的经验中。不过，有了网络后，我也仿佛中了毒，特别喜欢拍照，然后上传到微博分享。散步、跑步、骑车、爬山、扫雪、种地……越来越离不开相机。

分享什么？貌似分享的是自己的经验。其实，这是分享自己之没有经验。特别是跑步、骑车等，往往是训练休息时的摆拍，并非真正从事这些运动时的照片。

毕竟，几十公里的征程不能奢望有人追着给你照相。当然，这还不是自拍。我依然不用手机拍照，只能说染上了近似自拍的毛病。

不过，自拍也好，他拍也好，有一点是共同的：它们所记录的，都是我们生活消失的时刻。

再说远一点儿，苏格拉底上街，是和人们论道，由此留下的智慧，两千多年来依然让人类受用不尽。如今人们上街，拿着手机随处自拍，所见证的，则是自我的消失。

# 你的"颜值"有多高

◇齐贤

你的"颜值"有多高?面对这样的问题,很多人也许会不自信地说:"我很普通,谈不上'颜值'啦。"

于正版《神雕侠侣》里,新一代"小龙女"陈妍希的造型引起热议,观众纷纷将其与"最有气质小龙女"刘若彤、"最可爱小龙女"刘亦菲毫不留情地做比较。于是,有着婴儿肥的脸,扎着"鸡腿发髻"的陈妍希成了"小龙女"家族里最没有"颜值"的一个"小笼包"。

"颜值"表示人物容颜英俊或靓丽的指数,用以评价人物容貌。从"女颜"到"男颜",甚至这两年来"男颜"势头更盛,让人眼花缭乱,神游浮想:美貌,让人赏心悦目的同时,果真能为个人实力助力"升值"吗?

镜头穿越到古代,汉民族也曾有过为"颜"痴狂的年代。三国末年兴起的风度时尚,到了两晋愈演愈烈。男爷们儿集体描眉打鬓，一个赛着一个用化妆品，名士争相比美，竹林七贤是这样，书圣王羲之也是这样。那样一个男女疯狂媲美的时代，国家的风骨和价值取向可想而知。五胡乱华之际，朝廷之上只有一帮花样美男。面对胡人的快马弯刀，再帅再美都是浮云。都城陷落，皇帝被俘，漂亮的大臣名士们只得仓皇南渡，落脚江南一隅，可怜地自怨自艾了。"颜值"为这些美男升值了吗？显然没有。

相比之下，北方民族真的把"颜值"当作了浮云。传说中的北齐皇族兰陵王长得玉树临风，是标准的帅哥。可人家是带兵的大将，战场上的玉面根本镇不住敌人，人家于是干脆打造了一副凶神恶煞的面具，冲锋时戴在脸上，顿时威风大涨，所向披靡。想来晋朝那帮帅哥是打死都不会往自己脸上扣上这么个鬼脸的。你看，兰陵王用面具"自毁颜值"的做法反而为他一再加分。

镜头快速回到当代，娱乐圈是靠"颜值"打拼的地方。但是，显而易见的是，最有价值的明星往往不是"颜值"高的明星。南非美女演员查理兹·塞隆多年在演艺圈打拼，总被冠以"花瓶"的称号。为了证明自己的实力，她潜心修炼，出演电影《女魔头》的主角——一个年老色衰、凶残恶毒的女匪。她拼命增肥，拔去眉毛，扮丑自己。这个"颜值"几乎为零的角色让塞隆没有了美貌的羁绊，尽情挥洒自己的演技，终于凭借此片捧得奥斯卡最佳女主角大奖。很明显，为她赢来"点赞"的不是"颜值"。

推崇美女的社会，无外乎是男权主义甚嚣尘上，或者奢靡之风日渐盛行。而推崇男色的社会则是价值取向出现偏差。2014年娱乐圈的《监狱风云》大戏里美男明星不少。比较他们曾经人前的风流倜傥，如今戏中的邋遢，我们只能感慨一句"金玉其外，败絮其中"。此时，谁还会谈及他们的"颜值"？

《红楼梦》里有诗云:"俊眉修眼,顾盼神飞,文彩精华,见之忘俗。"可见,"颜值"高到让人产生"忘俗"之感还得靠"文彩",换作现代的说法应该就是"修养"。颜值是外在的,靠的是天生丽质,靠的是后天保养或者修复。"颜值"是一辆豪华跑车,再豪华也在逐渐贬值,人终究是无法返老还童的。而修养则是内在的,靠的是修炼和积累,是完全可以通过后天努力获得的。

相由心生,修养的补充完全可以为"颜值"加分。对于人生,最高评价的次序是真、善、美。对于容颜,美同样不是第一位的。你的"颜值"有多高?再次面对这样的问题时,请扬起嘴角,一笑而过。

# 整形改变不了命运，改变不了基因

◇六六

朋友的女儿高考结束，朋友送给女儿的成人礼是微整形。

她说，给女儿开个眼角，做个双眼皮，投资一万多，以后找男朋友或者找工作都顺利。人都是外貌协会的，长得好看天生加分，像明星那样的容貌，公主病就公主病，男人认了。

我说，"任盈盈"长得好看，40多岁了还单身，说明男人也不像你想象中那么傻。你我长得不好看，都在家训孩子吼老公。好看，不是像你想的那样便宜占尽。

朋友自己是单眼皮，对眼睛大小一事极为介意。她这一生已经算平稳顺当，在家说一不二，单位里把持一方。我真想不通是啥挫折让她联想到境遇的不平是小眼睛造成的。

我不支持她的建议。她泄气，说我讨厌，她好不容易说动女儿，又联合女儿说动老公，到我这关被阻挡。

我说，我阻挡你，是因为我以过来人的身份告诉你，整与不整,对生活不会产生实质影响,唯一有可能产生实质影响的是,整一半给整死了。

朋友的心顿时凉了。

我说,你若让我说实话,你女儿靠微整形,肯定达不到国色天香,再整也就是个舒适愉悦。可你闺女现在就是清水芙蓉、人淡如菊了,完全不存在整完以后脱胎换骨。你现在希望她整,不过是希望她外貌条件好一些,能揽得金龟婿,或者找工作的时候不吃亏。可是,找男人,若眼睛大一点儿就能从北理工升级到北大,那她以后进了投行或传媒,碰到眼睛更大的呢?没有任何证据表明,美女离婚率就低,丑女离婚率就高。

一路走来,我非常清楚一点:女人到中年,相貌在婚姻、爱情里不占任何优势,唯一的优势就是你是否有被仰慕的资本。社会地位、个人魅力、资产等才是你幸福的保障。

所以,你与其把钱花在外在的修理上,不如把钱花在内在的修为上。如果非得整形,与其改变外貌,不如改变内心。

很多婚姻发生问题,都与样貌无关,而是高低不匹配。有时候是女高,有时候是男高,如果从道德和法律层面去约束爱情,即使做到了,也不幸福。很少有男性把自己的不顺利归结于样貌,否则马云在经历那么多次失败以后,第一件要干的事就是整容。而女性大多对婚姻的破裂归咎于喜新厌旧:"我老了。"其实,你有工作的能力,你有独立的精神世界,你有相互扶持的伙伴,你有运筹帷幄的气度,你不会缺机会或缺爱情。

我笑着跟朋友说,你暂时不要在闺女风调雨顺的时候跟她提整容的事。有数据显示,女性整容整形大多发生在生活骤变的时候,如情场失意、工作遇挫等,这时候,整容是一针心理安慰剂,是给过往的失败一个借口。你现在都没遭遇打击，就把借口给用了，就好像队员没疲倦你就把换人指标给用了一样，等到关键时刻，连安慰剂都没了。

整与不整，其实是一样的。到孩子那儿，全打回原形。

# 女孩,应该比任何人都先学会克制

◇调调

大三那年,我悄悄地喜欢上了一个学长。我喜欢了他好长一段日子,却并没有勇敢表白。原因很简单,我在年满十八不再长高之后,吃得太多,慢慢地长成了一个胖子。身为胖子的我,并没有勇气向心中的男神表白。而他也从不曾注意到一个胖子在默默地关注着他,爱慕着他。

直到我大三,他大四毕业,我突然脑子一抽,冲动地决定向他表白。

结果当然是我被婉拒。对方有些为难地向我表示,他喜欢苗条一些的女孩子,而我太重了,他怕抱不动。

我记得,当时听到这句话的我是多么羞愧而懊恼,奔回寝室,哭得不能自已,连着一个星期觉得人生失去了色彩。

过了这个星期之后,我开始减肥。

减肥的过程艰苦而漫长,我拒绝了一切朋友吃吃吃的邀约,问了专业减肥教练，要来了根本吃不好也吃不饱的食谱，严格按照上面的方式来克制我的食欲，还每天早晚绕着操场跑两个小时。在那堪称惨绝人寰的四百多个日夜里，我的朋友都觉得，我这是因失恋而疯了。

只有我知道，不是。

也许最开始，我的确是因为精神上的苦闷。

可是后来，当我发现我的身体变得轻盈而美好，我脸上因为暴饮暴食而长出的痘痘都消失了，整个人开始散发着健康的光彩的时候，我便忘却了一开始的痛苦。

事到如今，我竟然觉得感激。如果不是喜欢上了他，如果不是他明显的为难和不喜，我也不会明白，作为一个女孩子，掌控好自己的身材是最基本的克制。

后来，我渐渐长大。生活教会了我，克制不仅仅是身体上的，它可以更多、更广、更深入。

保持谦卑，克制怒火，你会发现朋友多了起来，同事友善了起来，工作会更顺利。

克制教会了我，忍耐得越长久，收获才能越丰满。

就好比工作之后，你的薪资。

若你经得起一年的等待，你就会发现，日结的工资总是比年薪要少很多。

女孩子的青春是那么宝贵，唯有克制才能赢得更多。

很多事都是这样，
不试试怎么知道你不行！

# 外国孩子没那么好"混"

◇应琛

难道只有中国的学生学业压力大？美国著名漫画作品《花生漫画》里，史努比的主人查理·布朗一本正经地对小伙伴们说："你知道吗？我们读一所好小学，是为了读一所好中学，读一所好中学是为了读一所好大学，毕业之后找份好工作，这样才能把我们的孩子送进一所好小学。"而日本动画片《蜡笔小新》里，风度翩翩的好孩子风间，也是每天拎着补习袋转战在各科补习班之间的。

Peter Jin的儿子Ryan今年14岁，自从去年9月进入新泽西中部某学区内一所公立高中后，每天雷打不动6点起床，迅速洗漱和吃完早餐后，坐上校车赶到学校；学校每天8点半上课，从一堂课到另一堂课之间换教室5分钟；14点半放学，每周有两天要参加学校的社团活动；到家后，一般要做3个多小时的作业；接着匆匆吃完晚饭，又要去参加各种课外活动……

父亲Peter说，虽然才上高一，儿子已经在喊太忙了！

美国大学的门向每一个学生敞开。但是美国好大学的门可不是对每一个学生敞开的。

"像我家附近就是名校普林斯顿大学,而我们这个地区成绩比较好的孩子大都倾向于去常春藤的学校上学。"Peter深知,"想要进入精英大学,高中阶段的辛苦是在所难免的。"

根据Peter的介绍,好大学录取高中生,首先要看4种成绩:高中每一年的平均成绩,英文名叫GPA。Peter说:"接下来还要看你大学统考SAT1的成绩和专科考试SAT2的成绩,有点儿类似于国内的高考。SAT1一共考英文、数学和写作三门,总分2400分。想考名牌大学,你的3门SAT1成绩均分要达到750分或以上。"

除了以上两项,还要看AP或IB成绩,它们是高中的大学预科课考试成绩,美国名牌大学录取时特别看重学生在高中时是否做了最艰苦的努力——具体地说,是否上了难度最大的课程。难度大的课程就是指AP和IB。

名牌大学十分看重学生的课外活动。在大学申请表上都有一栏:高中期间参加过什么课外活动,参与了几年,担任过什么职务,得过什么奖励或荣誉,奖励或荣誉是地区级的、州级的、国家级的还是世界级的。

但Peter强调,要想进入好大学,最关键的一点就是要让招生的老师感到你的独特性。"美国人还很重视写作,他们相信能从一个人的文章里看出他的独特性,不仅要有好的文字功底,表达的观点也要与众不同。要写出好的文章,就得有很大的阅读量。美国从小学开始就鼓励小朋友阅读。到了高中,更是有必读书和选读书。所以Ryan在课余,还有很大一部分时间用来读这些书和写作。"

前一阵子,Ryan和在中国的表弟讨论到底哪里的小朋友读书辛苦。"中国小朋友读书是辛苦,但只要考试成绩好就行了。而美国小朋友不仅要成绩好,课外的要求同样也很高。"

再来看邻国日本。

在日语里,有一个常用的词组,叫"立身出世",意指年轻人要努力奋斗,成就一番事业,出人头地。中学生们都懂得这一词语的意思,并用它来维持、规范和激励自己的学习。

日本社会是竞争激烈的社会,一切有价值的东西都必须在竞争中取得。日本社会又是一个重学历的社会,要想"立身出世",就必须进入一流大学;而要进入一流大学,就必须先进入名牌高中。

这样,日本社会中学生从进入初中的那一天起,就加入了激烈的升学竞争,他们已经意识到,个人将来能否"立身出世",取决于自己的中学成绩。因此大多数中学生都拼命地学习,很多中学生都有记事本,上面记录着每天的日程安排。

# 为何美国大学生热衷于"如何正确对待死亡课程"

◇佚名

在美国肯恩大学,学生无比热衷于报名参加诺尔玛·鲍开设的"正确对待死亡"课程,有时等待上这门课的学生名单已经排到了三年以后。在一次实地考察中,鲍的学生去了当地一个验尸房,工作人员展示给他们看的是金属台上三具赤裸的尸体,其中一人死于枪击,一人死于自杀,另一人则是溺水而亡。

最后一具尸体看上去体形很胖,但是其实不然;他像一个灌了水的气球被充胀了。死者是一桩肇事逃逸案的嫌疑人,他从案发现场逃离,在警察追捕过程中弃车跳进了帕塞伊克河。在尸体解剖台上,他表情惊讶,嘴巴大张,仿佛意识到自己犯了一个错误。就在全班同学聚拢过来的时候,验尸员启刀切开他的躯干。有些学生反胃作呕或者匆匆跑了出去,他们无法忍受眼前的景象或现场的气味。

这次令人毛骨悚然的参观只是鲍班上的学生外出考察活动之

一。他们的作业也与众不同：学生们要给他们去世的亲人写一封告别信，并为自己写下悼词和遗嘱。

这样做当然很恐怖。但是学完鲍的死亡课程以及全美其他类似课程的人都学会了一项重要的技能：坦诚谈论死亡的能力。

20世纪60年代，学术界人士就开始主张，死亡话题应该在校园里进行讨论。根据《死亡与临终手册》一书的叙述，到70年代末期，美国各地开设了600多门与死亡相关的课程。今天，数以千计的这类课程可以在不同学科里找到——从健康学、哲学到医学。

当人类发展学教授伊莱娜·丘皮特1984年首先提议开设死亡课程的时候，她的系主任问道："谁会学那样一门课呀？"这门课旋即人满为患，学校被迫将报名人数限定为50人。

鲍在到肯恩大学之前曾经在急诊室、重症监护室和精神病房做过护士。她在肯恩大学教死亡课程已有14年时间。她知道她这门课学起来可能非常难受，所以把校园心理治疗室的电话设置成快速拨号，经常把学生送到那里进行单独治疗。

大部分年轻人都以不同的方式受到了死亡的困扰——应对家庭成员的自杀、亲人的暴亡或个人患上癌症的可怕遭遇。这门课给他们提供了一个严谨的、得到精心指导的机会，去进行很多人只是到了老年或在接到了晚期病症诊断结果之后才会开始的思考。

"死亡的平等牵涉到我们所有的人，"费弗尔曾经写道，"否认它或无视它都会扭曲生活的方式……在获得死亡意识的过程中，我们提高并加强了我们对生命的意识。"

# 你所不了解的美国名校

◇方帆

五月份,是美国高考,简称AP考试的月份。武侠小说传说有"少林七十二绝艺",精通两三样就基本上可以在武林中成名甚至无敌,根本不可能有人全部精通。同样的道理,美国的AP考试有38门课,也不可能有人全部精通。

美国的AP考试有点儿像中国的"高等教育自学考试",因为考的全都是美国大学二年级程度的公共课的科目内容。

美国的AP课程设置的初衷,是在高中提供大学程度的课程,让学有余力的高中生挑战自己,学更多的东西。同时,也让美国的大学招生人员了解:这个学生能顺利考过大学程度的科目,说明其有能力在大学继续深造。SAT和ACT的考试,都是希望通过考试来预测学生是否将来有足够的能力在大学深造的,因此称为"潜质预测考试"。但是,美国的AP考试则是实实在在考查学生是否掌握了大学程度的知识。假如大学程度的东西都学得来,那些"预测性"的考试如SAT之类就显得没有那么重要了，这也是AP考试能称为"美国高考"的最重要原因。

美国的大学跟高中的上课方式是非常不同的。美国的大学课程，学生要花很多时间做课外的阅读和研究，因此不会天天都上课。可是，在高中，学生必须天天上课，而课外的阅读和研究一点儿都没少，所以，高中生修AP课，花的时间要多很多，平均每天每门课要花三个小时左右，除非你是天才，过目不忘。假如一个学生选修了三门AP课，每天就得花上八九个小时来阅读、研究、写作业，这根本就是无法做到的。

在美国的高中选修AP课程，除了在五月份面临参加全国统考的压力以外，还要面对平时成绩的压力。美国的大学不是根据学生一次考试的成绩来决定录取与否的，录取的一个重要标准是学生读过的所有课的平时成绩。一门课的平时成绩，是按照学生的课堂作业、考试测验、研究项目作业、家庭作业等综合评分的。假如一个学生考试测验成绩很高，可是研究项目成绩低，也不能得到该门课的好成绩。因为AP课程是大学程度的课，老师是按照要求大学生的标准来要求高中生的，没有达到标准的人，平时成绩就会被拉下来。而平时成绩一低，大学就有可能不录取了。所以，AP课是一把双刃剑：既可以增加进入大学的资格和资本，又能限制进大学的机会。

我教过的学生中，最精通"AP绝艺"的一位，是人称"AP先生"的一位来自深圳中学的移民学生，他考了11门AP课，门门都得到满分5分。然而，这位"美国高考状元"，却因为没有参加什么课外活动，没有体育才能，没有领导才能，没有参加义务工作的经验，结果被大多数美国名牌大学拒收。最后，他只进了加州大学洛杉矶分校。

在美国高中开设的AP课程，通常都是由拥有硕士甚至博士学位的老师来教的。这些老师即使在大学任教，能力都绰绰有余，但是很多人却不为名利，兢兢业业当高中老师。跟我共过事的同事中，有一位曾经是哥伦比亚大学的化学教授，为了加州阳光，宁愿放弃哥大教授的职位，到我们学校教化学；另外有一位帅哥，曾经是硅谷某公司的工程部研发主管，斯坦福大学的讲师，躲在我们学校教物理，还自己开设了一门叫"工程机器人研制"的选修课，让学生学习研制机器人，参加国际比赛；一位历史老师是加州大学的历史教授，宁愿在大学教半职，在高中教全职。还有一位中文老师，是台湾的著名作家张大千的弟子，书画双绝，这在国内，可能有点儿不可想象！

正因为美国高中的老师，很多都很厉害，才有能力把堪比"少林七十二绝艺"的美国高考——AP课程教给学生。美国的高中，真是藏龙卧虎的地方啊！

# 你是否还在迷恋平庸生活？

◇Jiang Xueqin

我在北京的中学教英语已经一年多了，每时每刻我都感觉到我的学生们的思想是多么现实。

"你们想上哪所大学？"我问道。"我不知道，现在我也不去想它，"学生们总是这样回答，"我会参加高考，拿到分数后我再决定申请哪所大学。""你们难道没有梦想吗？"我问。"为什么需要梦想呢？"学生们耸耸肩，这样回答我。

我现在在北京四中教书。四中是北京最好的中学之一，我的学生是北京城里最优秀的学生中的一部分。我曾在多伦多一所很好的中学读书，然后去了美国耶鲁大学。所以在我的生活中，周围都是勤奋而有才华的学生。对我来说，中国的优秀学生和北美的优秀学生最显著的差别在于他们所追求的目标在本质上的不同。

对中国学生来说，目标必须是现实的，是短期可实现的，通过追求肯定可以实现的目标。中国学生过着风平浪静的生活，尽管艰苦劳碌，但他们沿着一条确定的轨迹平稳地驶向成功的彼岸。对北美学生来说，其目标是狂放不羁、出于本能的美梦，归根结底是富有浪漫色彩的美梦。实现这样的梦想遥遥无期、希望渺茫，可能在梦想初露端倪时就遭到别人的嘲笑。但这正是梦想的可贵之处，即使它看上去不可能实现，但它却赋予北美的年轻人以激情——一种引导他们锲而不舍地增进自身能力的激情。中国人注重现实的思想，常常使最优秀、最聪明的中国人通过追求肯定可以实现的目标过上一种舒适而平庸的生活，而西方的浪漫将北美人的生活引向两个极端，或是灾难性的失败，或是伟大的成就。

我很年轻，但我相信我的生活中充满失败和成功的故事，因此我不得不对中国人的实用思想产生疑问。作为一名在多伦多长大的中国移民，我曾生活在贫困之中，也曾为掌握英文而拼搏。在高中时我有一个美妙的梦想：上耶鲁大学。那是世界上最好的大学之一。我的父母说我们太穷了，我的老师说我不够聪明。我同意他们的话，但同时我觉得，只要我努力奋斗，只要我勤奋学习，我就能实现上耶鲁大学的梦想。这个梦想给我带来了激情并赋予我有意义的生活。它促使我去读那些我开始无法理解的书，去参加那些我并不擅长的活动，去尝试那些我从未做过的事情。最终，我的梦想实现了。

从耶鲁大学毕业后，我来到北京。在这儿，我告诉我的学生应该拥有梦想并去追寻梦想。有一些学生被我说动了，一位女生给我留下了深刻的印象，她向我吐露有朝一日要当联合国秘书长。但在大多数学生身上，我的努力是白费了。我记得有个学生对我说："我的梦想是有一天我能有一个梦想。"

对我的失败，我既不失望，也不悲伤。似乎矛盾的是，我知道我的梦想是"不可能"的梦想。我希望我的所有学生都拥有对生活的热望,拥有梦想并用梦想去点燃生命的激情——为社会做贡献并被周围的人所喜爱。这只是一个梦想,只有梦想才值得为之奋斗终生。拥有这样的梦想,我无疑会失败,却是快乐的失败,因为只有通过失败,人们才知道自己活得实实在在。

## 不是乔布斯,就别退学

◇田朴珺

90后的李游和80后的我是姐妹。她爱做菜,我爱吃肉,我们特别投缘,都属于心直口快的姑娘,我总觉得她像十几岁时的我,思想单纯,直来直往,行侠仗义。在我认识的90后里,李游最会做饭,红烧肉做得一绝,定期去她的小窝蹭饭,是我在纽约雷打不动的行程。

李游擅长做饭,但不擅长学习,她对学业不怎么上心,常常缺课,成绩单也不太能拿得出手。但她有时为了好玩,会帮人遛狗打短工,薪水是二十美元一小时,但自己家里却满地狗屎也不收拾,打开衣柜,衣服能"轰"地一下劈头盖脸倒下来,去她家,像是到了轰炸现场。

她的车也是极品,车牌撞掉了,用透明胶带绑在后备胎上,车里脚垫有时会撒上一层薯片,踩上去松脆无比,椅子下面掏出四五顶帽子、三两双袜子、一堆空汽水瓶子等也是常有的事。

有一天，她打来电话："Meme姐，我想好了，买下周回国的机票，我不想念书了。"我暴脾气地赶紧追问原因，她嘤嘤地继续说，"估计很难及格，学校让我退学。"

理所当然地，我约她见面，跟她聊聊。

坐下来后，我的第一个问题简单而直接："游儿，你告诉我，你的成绩到底有多差？"

"就二三十分吧……"

"如果努力补习，不吃不喝不睡，能不能过关？"

"也许还行，能够勉勉强强及格吧……"

那行，得到了李游这个模棱两可又有回转余地的答复，我的脑子里迅速理出了"挽救李游"的两大方针。

"第一件要做的事情，向你的班主任求情。一把鼻涕一把泪，声泪俱下，用发自肺腑的真诚去求她再给你一次机会。第二件要做的事情，从今天开始，不是从明天，别再缺一节课了，认认真真听完每一节课，让老师看到你洗心革面、重新做人的行动。就这么简单，你行的，快去学校吧。"

我是多么急切地希望听到李游斩钉截铁的回复，希望她在我面前挥舞着小拳头，信心满满地说："我行的！"然后背着书包向学校跑去。可那就不是我所认识的李游了。

在垂头听我讲完"两大方针"后，她竟然又和我闲聊了一个多小时。我实在忍不住了：

"李游，上课要迟到啦！"

"那不去了吧！"

"不行，从今天开始，直到你考试及格之前，不要出去玩，不要找我，也别给我炖肉了。当然，你也可以退学，乔布斯、比尔·盖茨都退学了,但你是天才吗?你有非人的毅力去坚持做一件事情吗?不让你退学,不是为了让你拿文凭,而是尽量帮你减少以后所走的弯路。"

我一通狂催,几乎是将她踢出咖啡馆。

后来,颇有人情味儿的班主任,被一通声泪俱下的道歉恳求,外加一小盒巧克力的诚意感动,答应再给她一次机会,收回了"勒令退学"的成命。

此后一个多月的时间里,我虽然无法享受李游专供的红烧肉——那对我来说确实有点儿小沮丧——但会不时接到她打来的电话,电话里的她兴奋而自豪:"Meme姐,今天我去上课了……Meme姐,今天老师表扬我了……"

付出与得到总是会成正比例的,期末考试,李游终于涉险过关,功课及格,从班主任的黑名单里除名。

而我,又可以有红烧肉吃了。

# 你该如何继承财富

◇孙骁骥

华裔脱口秀演员黄西讲过一个段子："在美国，人人生而平等。但出生之后，人们的生活将取决于他们父辈的收入提供的教育和医保。"在一次美国电视记者年会上，这个拿代际收入差距说事的段子逗乐了台下的记者们。

在"拼爹"问题上，美国人除了自嘲，也不乏有严肃的讨论。最近，克鲁格曼在《纽约时报》的专栏中写道：我们正在倒退回"承袭制资本主义"的年代。在这样的制度下，经济的制高点不仅由财富决定，还由承袭的财富决定，因而出身的重要性要高过后天的努力和才能。克鲁格曼的论据是：1979年，1%收入最高的家庭得到了17%的企业所得；到2007年，同样一群人却拿着43%的企业所得和75%的资本利得。美国富人榜前10名中有6位是财富继承人，而不是白手起家的创业者。经济精英的子女一开始就拥有无可比拟的巨大优势。

不过，美国的大亨们也深知富不过三代的道理，因此他们教养儿女的方法并不是大把花钱，豪车、别墅伺候着，他们会给自己的后代在青少年时期提供舒适的生活条件，但绝非奢侈，让他们接受最好的教育和工作历练。纽约的地产大亨唐纳德·特朗普算是非常自负、讲究奢华的超级富豪了。但他培养儿子的做法是，送他们去商学院，然后来老爹的地产公司上班，和所有员工一样，从基层做起，做不好就卷铺盖走人。

众所周知，美国的高等教育非常昂贵，非一般城市平民所能负担。奖学金数量有限，仅限于某些专业，大部分美国人还是得自掏腰包，一般的中产阶级家庭尚可以负担，收入低一点儿的家庭就比较困难。乔布斯多年前在斯坦福大学演讲时坦白，自己退学的原因是不想花掉父母半生的积蓄，去大学度过四年无意义的时光。比起比尔·盖茨的"冲冠一退为创业"，乔布斯的退学理由或许更接近残酷的现实。

美国式"拼爹"，拼的是更优质的教育、教育带来的更好的人脉、父辈给予的更多的历练。这种模式使得美国的企业家们可以把财富和权力放心地交给后代，也使得企业得以长期发展。

美国式"拼爹"，虽然不时有经济学家和知识分子声讨，但没有引起民众的广泛仇富。部分原因如前所说，美国人"拼爹"不是比拼财富、炫耀财富，而是比拼财富的增长能力和企业经营能力。

有钱人接受的教育和拥有的经济支持自然让他们有更好的发展前途。但这只是一半的现实。一个白手起家没爹可拼的人，通过自身努力也不会过得太差。再退一步说，即使你没什么大志向，只想做个普通白领，你也能过上并不富裕但也体面的生活。

# 富豪财产分配知多少

◇ [美] 罗克珊·罗伯茨

摇滚歌手斯汀、比尔·盖茨和沃伦·巴菲特这三个人有什么共同点？他们都拥有大笔财富，而且都不打算把财产留给自己的孩子。

据美国华盛顿邮报网站2014年8月11日报道，斯汀表示，不会把他3亿美元财产的大部分留给6个已成年的子女。

"他们得去工作。所有的孩子都深知这一点，而且很少向我伸手要东西，我真的很佩服和感激他们。"

因过量吸食海洛因离世的菲利普·西摩·霍夫曼在他的遗嘱里做了详细说明，这份遗嘱被公之于众。遗嘱中写道，他的儿子应在美国的大都市里长大成人，应"感受到都市文化、艺术和建筑氛围"。

这份遗嘱在他的两个年幼的女儿出生之前就已经立好。不过，这位演员有意不把他3500万美元的财产留给他的子女，因为他不希望儿女成为"信托儿"。

留给子女多少钱合适？富有的家庭经常会饱受这一问题的困扰。而婴儿潮时期出生的数百万人也面临着同样的问题，只不过财富规模没有那么大而已。咨询公司埃森哲公司称，未来30年间，这些人将会处置安排自己的财产，而这些财产的总额约达30万亿美元，可谓美国历史上规模最大的财富转移。

曾经只属于家庭范畴的问题现在成了关乎财富、权利和责任的社会问题。大笔遗产留给谁？应该留给子孙后代吗？

据悉，比尔·盖茨和妻子梅琳达·盖茨将留给他们的三个子女每人1000万美元资产，不过这个数字相比他们760亿美元的总资产来说就是个零头。巴菲特的三个子女每人将得到20亿美元的由"亲爱的老爸"创立的基金。

那么剩下的钱呢？全部捐给慈善事业，就像盖茨和其他很多亿万富翁一样，将大量的财富用于创建一个更美好的世界。

正如巴菲特的名言："既要让他们觉得自己能做任何事情，又不会多到让他们一事无成。"

"我们在这一问题上的困扰似乎超过了其他问题。"一位千万富翁说。

受到巴菲特的启发，他们为正值大学年龄的孩子每人创立了一份250万美元的信托基金。基金由托管人管控，根据教育、医疗或是购入房产、创办公司等情况将一定款项交付子女。基金中暂未动用的钱财将继续用于投资。

在子女40岁之前，这些限制将一直有效。40岁之后，这些钱财才由他们随意支配。在子女二三十岁时，这笔资金是他们事业人生的起步资金，到了40岁，他们也就成熟到能够理智地处理钱财了。

杰米·强生自小到大都在超级富豪的包围下生活。2000年，当他21岁的时候，这位强生公司的继承人从家庭信托基金处得到了一笔据说约有6亿美元的巨额财富。他说："那些超级富翁虽然嘴上说着什么'我不会把钱留给我的孩子'之类的话，但基本上不会动真格，也仅是停留在口头而已。即便他们的子女不能马上支配这些钱财，也能进最好的学校、住最好的居所，获得最佳的人脉和机会。这些都是富有人家才能做到的，而这些都是转让财富和影响力的方式。"

杰米·强生用他所继承的财富投资了自己的制片事业，并在纽约过着相对平凡的生活。

# 乔布斯的孩子玩iPad吗

◇［美］耐克·比尔顿

当史蒂夫·乔布斯还在管理苹果时，大家都知道他经常会给记者打电话，要么就是因为某篇报道给予鼓励，而更多的是解释为什么记者弄错了。我好几次接到了类似的电话，但最让我吃惊的一次是在2010年年末他将我谴责了一番之后的对话。那次我写了一篇关于iPad（苹果平板电脑）缺点的文章。

"所以，你的孩子必须得爱iPad吗？" 我问乔布斯，试图转移话题。那会儿这家公司的第一代平板刚上市不久。"他们还没有用过，"他告诉我，"我们对孩子在家里用多少科技产品有限制。"

我确定我当时的反应是大吃一惊，以及震惊之后的沉默。我曾想象乔布斯家应像是科技迷的天堂：墙壁都是大大的触屏，饭桌也由iPad组成，iPod（苹果音乐播放器）则赠送给客人，就像放在枕头上的赠品巧克力。

"不，"乔布斯告诉我，"一点儿都不是这样。"

从那之后，我见了很多科技公司的高管和风投，他们告诉了我类似的态度：他们严格限制孩子使用电子设备的时间。特别是在上学的时候，晚上回家后完全不能用电子设备；在周末也会有一些时间是完全禁止使用电子设备的。

这些科技CEO（首席执行官）看起来知道一些其他人不知道的东西。

Chris Anderson，前《连线》杂志编辑，现为飞行器公司3D robotics的首席执行官。他在他家的每个设备上都设置了时间限制和家长控制。"那是因为我们对于科技有什么危害有着第一手的信息。我看到这些已在我身上发生，我不希望在我孩子身上发生。"

Alex Constantinople，传播与市场公司OutCast Agency的首席执行官，说她5岁的小儿子非周末时间是不能用任何电子设备的，而她大一点儿的孩子，10岁到13岁，在非周末时间里每天只能用30分钟。

Twitter（推特）的创建者，和他的太太Sara Williams说："作为iPad的替代，他们的两个孩子有几百本书，他们可以随时挑来看。"

所以，对于这些科技界的父母，他们是如何确定合适的限制的呢？通常而言，靠年龄。

10岁以下的孩子看起来特别容易沉迷，所以这些父母设定，非周末时间孩子不能使用任何电子设备。在周末，时限是在30分钟到2个小时。10到14岁的孩子被允许非周末时间用电脑，但只能用来做作业。

尽管我认识的一些非科技界的父母会给只有8岁的孩子智能手

机,但是科技界的父母却会等待到孩子14岁。而且虽然这些青少年可以开始打电话和发短信,但是要到16岁才能有数据流量可以用。

当一些科技父母基于时间设定限制的时候,另外一些父母则严格限制孩子们用这些设备可以做些什么。

另外一些人说,那种粗暴的明令禁止会让孩子逆反,结果是培养出一个数字怪人。

Dick Costolo,Twitter的首席执行官,告诉我他和他的太太所认同的是,在客厅里,他们的两个处于青少年阶段的孩子可以无限制地使用电子设备。他们觉得太多时间限制反而会适得其反。

"当我在密歇根大学的时候,我宿舍旁住的一个舍友房间里是一堆堆的可乐和其他碳酸饮料,"Costolo说,"我后来发现这是因为他的父母在他小的时候从来不让他喝碳酸饮料。如果你不让你的孩子接触这些东西,你也不知道日后会有什么问题。"

我从来没问过乔布斯,如果他的孩子不用他创造的这些电子设备,那他们玩些什么。所以我联系到了Walter Isaacson,他是《史蒂夫·乔布斯传》的作者,曾花了很多时间待在乔布斯家。

"每个傍晚,史蒂夫都会在他们餐厅里的长桌子边和他的孩子们吃饭,讨论书、历史以及其他很多事情,"他说,"没有人会拿出iPad或电脑。孩子们看起来一点儿都没有沉迷于电子设备。"

# 收到宾大拒信后

◇SJ

收到宾大拒信的第二天,我毅然决然请了假,跳上火车,杀去招生办公室,和招生主管进行了一个小时的促膝长谈。

世界上没有所谓的公平,道理我们都懂。在出国前整理行李时,行李箱只有这么大,我却想塞进所有喜欢的衣服和鞋子,于是就出现了选择,这和招生官这几个月做的事情几乎一模一样。提前批,他们收到了成千上万的资料,想要全都录取是肯定不可能的,所以优中选优合情合理。

但如果有一群人一样优秀呢?如果有一堆衣服一样美呢?运气这件事情真的说不准。那就随便挑一件塞进去吧,反正都很好看。这是我发自内心的想法,将心比心,招生官也在做同样的抉择。

周一放学回家收到宾大拒信的那一瞬间,我没有抱头痛哭,也没有摔电脑,给所有关心我的人群发了一句"被拒了",然后读了三遍拒信,告诉自己,还剩十多天,赶紧投入普通批的文书修改吧，于是关了电脑开始做美术作业。

义愤填膺的感觉是后来才有的，听说有些人分数比我低，被录了；有些人课外活动比我少，被录了；有些人文书都不是自己写的，也被录了……我开始审视自己的申请材料，从成绩单到课外活动到标考成绩，总觉得每一样都是极好的，于是我开始不服气。嘴上说着"最后我们都会去到最适合自己的地方"，心里还是觉得"宾大才是最适合我的，招生官良心何在"。

拖出自己的文书看了好多遍，又在宾大校网逛到深夜，我知道发一封邮件完全不可能得到直接的答复，于是决定第二天不去上学，直接去招生办公室理论。如果通过一哭二闹三上吊，他们录取了我，那也很美妙；如果不录取我，至少也要知道我的不足之处，方便我普通批申请的取长补短。

再也没了面试时的谨慎小心，一个已经被拒的学生，还有什么好顾忌的呢？跳上火车时是早上八点四十五分，费城难得雾气腾腾，把气氛渲染得非常神秘。由于加入了宾大的俱乐部，University City（大学城）我已经来过上百次，熟悉的红砖铁门，熟悉的富兰克林雕像，原本以为自己可以在这里生活四年，现在心情也不是一般地复杂。闭着眼都可以找到招生办公室，推开门，那个非洲裔工作人员告诉我，招生办公室在地下室。我微笑着推开门，就像一年前第一次参观时那样。

办公室里空无一人，前台有两个人在聊天，我走向一个学生模样的工作人员："我能见一下招生官吗？要是能见主管就更好了。"他蛮惊讶，问我为什么，我如实说："就是想知道自己为什么被拒了，因为发邮件肯定没办法得到准确的答复。"旁边聊天的两个人安静了下来，对视了一眼，然后年长一些的那位女士起身，带我到了一个客厅。

"真对不起,我知道被拒的感觉不好受。"

我真的很想告诉她,如果觉得对不起我就赶紧录取我吧。

接下来的一个小时,从她的官方回答到私人想法,从我的个人经历到真情实感,直到最后我哭着和她握手说再见,只能用一个"爽"字来形容。

大致说一下谈话内容吧,大家看完可能也会有些感触。

首先,就算你再三恳求,她也是不会从档案库调出你的申请材料;于是我换了策略,告诉她我的每一项成绩,问她是否符合宾大标准;告诉她我对宾大的贡献,问她是否被感动;再告诉她我对宾大的喜爱程度,问她是否喜欢我。

房间里安静极了,她认真地听着,时而点点头,本该觉得自己是最出色的,但越说越觉得自己在套那个所谓的"常春藤模板"。是啊!我的确是全校第一,我的确修了学校所有的AP课,我的确参加了学校的好多社团,我的确是好多社团的主席,我的确做了好多暑假公益,我的确提前介入大学生活,融入了宾大的校园,我的确有个伟大的梦想,我的确觉得宾大是我的唯一……这些刻板的资料,即使自己说出来,添油加醋,还是觉得无限平凡,我的灵魂,我的特色呢?和自己高中的同学相比,我的优势非常明显,但这些所谓的优势,在那五千多份资料里,还是苍白得可怕。也许我自己认为的所有亮点,所有潜在的能量都很厉害,但就是缺少一束火苗,缺少那极其重要的点睛之笔。

虽然每一项她都点头,表示感动,表示我很优秀,表示我很全面,但最后那句"录取结果已经出来了,这是没法改变的事实"还是说得非常肯定。

"那如果你是读我资料的招生官,听到我的资料和跟我交流过后,会录取我吗?"

"不好意思,我没有办法在这里说出这么个人的观点,因为录取是整个组委会决定的,绝对不能仅凭一己之见,不仅是招生官,还有各个专业的负责人,大家聚在一起讨论出了最后的结果。"

"以我的状况,你觉得我会被其他常春藤录取吗?"

"世界上总有欣赏你的人,看你材料的招生官们一定也很欣赏你,但是你要知道,我们收到了五千多个和你一样优秀的人的资料,最后录取的毕竟是少数。我非常佩服你的勇气和毅力,美国有很多比宾大更好的学校,相信我,一定会有更适合你的地方。"

我没说话。"学校有规定,没有办法改变录取结果,但是我建议你考虑转学来宾大,大二的时候再来吧,我可以从你身上看到对宾大的热情,我很支持你。"

"我以为宾大招生办的宗旨,是找到最适合自己的学生。"

"没错,而且通过今天的聊天,你的确很适合我们学校。"

"那为什么不能录取我?"

沉默再三,她还是说,很多事情不是我想象的那样,整个招生过程,也不由她一个人决定,还是那句老话:"你很优秀,我相信世界上一定有人比我们更懂得欣赏你。"

好的,一定有人比宾大更欣赏我,一定有人比拒绝你们的学校更欣赏你们。美国本科申请是人生中少有的极其酷炫的事情,我觉得所有人都有必要体验一次。也许我这辈子都不会知道什么才是"真正的自己",也许几十年之后我还是理解不了当初自己为什么会被拒绝,但是申请路上,通过一次次的文书修改,通过一次次的促膝长谈,我觉得自己离那个所谓的"真我"越来越近。从一开始的"我要去哈佛"到后来的"我喜欢那些适合我的学校，可以让我真正享受学习的学校"，我们都更加明白自己到底想要什么。

也许这个阶段，我们觉得非得到不可的东西，在下个阶段会被看作过眼烟云，真正珍贵的，是发现自己的过程。成功来得不容易，想要投机取巧还是很不现实的，一步一步走踏实了，好好享受一路上的过程，然后静静等待好消息的到来。

## 太多人赚钱精明花钱笨

◇李稻葵

现今社会上有很多人会挣钱,但有些人并不会花钱。

很多人花了四五十万甚至更昂贵的价格买车,但是家里的床只花费一两万甚至几千块钱;或者还用着廉价手机,速度慢,内存小,不得不拍了新照片就要删旧照片——这也许很不合理,甚至耽误事儿。

在我看来,消费的第一法则是时间,伴随你时间越长的东西,越值得花多点钱——这恐怕是我们很难认识到的一个盲区。

生活中,我们使用最频繁的物件恐怕就是手机了,从睁眼到睡觉,几乎每15分钟就要看一次手机,不带在身边,人就心慌。所以好用的手机,不管再贵,摊到每分钟,就非常非常"便宜"了。

再说一台车,它真正使用时间多长呢?大城市有限号限行,大部分家庭用车无法每天开,即便每天上下班开一两个小时,摊下来仍然是最昂贵的。

而床和空气净化系统,是一家人天天必用的,没有替代品,如果按照单位时间计算,是最"便宜"的。

同样"便宜"的还有我们的办公座椅,这是跟身体接触时间第二长的家具,是不是也应该选好的?好椅子蕴含着一套严密的人体工学,支撑着我们的脊背、坐骨,也是支撑我们工作状态的"影子伙伴"。

一把山寨椅只要几百元,却两三年就要修要换,折腾下来并不便宜,而使用好椅子的愉悦感更是无法替代。

所以,消费是一门值得好好思考的学科,如果没有在"关键物品""关键时刻"投钱,往往会只买贵的不买对的——这一点很多人还没有想明白。

对于常出差的您来说,最关键的时刻恐怕就是旅行,人在外"孤苦伶仃",如果再出些什么小意外掉了链子,人无依无靠,便会留下长久的痛苦记忆。

有一年,我在天津参加夏季达沃斯年会,穿了一双不是很好的鞋子,那天为了赶到会场,猛跑了几步,结果鞋底掉了一半,走一步"啪嗒"一下,我就趿拉着这双鞋走上了讲台,那个记忆真是狼狈不堪……

这场经历让我牢牢记住了"家贫路富"的基本原则,注意,路富不是露富,而是旅行用品一定要耐用,旅行箱、鞋子、耳机等不能掉链子。

对于消费这门学科,第三个通常被忽略的法则就是使用人数,一家人共用的家庭用品比私人物品更重要。全家人天天用的电视、沙发自不必说了。

对于北方家庭,可能还有一件东西值得花钱升级——那就是家里的空气。一套好的新风系统能过滤空气中的PM2.5，每时每刻守护全家人的健康。

这样的物件不仅值得你花钱，更值得你花时间上网、跑实体店比货，琢磨研究它的工作原理、品牌质量等。因为它的价格是摊到每一个人的每一刻，太值得花钱了。

所以，对于日常花费，我们不仅要看价格，更要研究时间、人数这些"分母因素"，钱才能花到点子上，如果买下的东西，自己、家人、朋友很享受，还很欢欣自豪地和朋友们分享："这个值！你赶紧去买，保准满意！"这样的消费才是成功的，令人骄傲的。

# 生活不贵，欲望很贵

◇子沫

一位旅居法国一个月的朋友，回来谈了自己的一席感触，她说，法国人的业余生活很忙，忙着整花园、烘点心、逛市集，孩子玩孩子的，成人忙成人的，各取所需，很家常。她说，国内的很多人休闲都得高大上，非得去个什么地方才算休闲。我们探讨一个生活常态的东西，我说大凡一个东西没有落入生活常态，总是有隔膜，经常做的事才算是生活的一部分，而不是高高在上，而是随时随地，阅读什么的都是如此。有时，我们对别人的生活是有很多误会的，一说法国，就是大餐，就是浪漫，就是奢侈和优雅，真正该关注的倒是别人的生活方式，一种落入实处的生活方式。我说，法国人可能是"闲里忙"，他们是忙生活忙喜好。工作只是一部分而已。友人算是那种成功人士，可能比我对一些事情的感触更深，她说现在的状况是有钱人很焦虑，没钱的人也焦虑，群体焦虑，工作完了，要么不会休闲，不知道干什么，一闲下就心慌；要么一闲就好像非得利用得天衣无缝般,到一个什么地方去,不然就觉得没意义。还是没落入常态,是一种狠命过度的状态,不放松。

有个细节,我觉得很有意思。友人去法国前半年,学了半年时间法语,普通的点餐问路或是问候之类的社交完全没问题,法国的餐厅是这样的,一般用法语,但若是看到你是外国来的,也偶尔用英语,当餐厅的人听到她开口说法语时,明显的表情不一样,热情了很多,当然是刮目相看。友人主动说自己是素食主义者,餐厅的人听到,更是尊重,说,没关系,我可以单独为你弄菜单上没有的菜。若是聊艺术、绘画或是园艺什么的,他们倒是非常乐意。生活,得有生活之外的空间,人才不会局促和透不过气来。他们最懂无用之美。

我又想起曾经去到法国的另一个友人,谈到去卢浮宫看画,蒙娜丽莎的画像前挤满了旅游团的人,根本看不到什么,而对面的一幅《迦纳的婚礼》却无人问津,友人折转身,安静地看对面的一幅画,她说,真是意外收获,名气遮盖了很多东西,为什么人们不能自己去寻找角度?人少,才能好好看。巴黎需要安静审美的人。曾看到过一部纪录片里,有一个在卢浮宫拍摄的镜头,空无一人的卢浮宫,大概这一天不是法定节假日,又因为是雨天,一个老妇人在一幅画像前静坐,她说,这幅画叫《卡罗琳》,是安格尔的画作。这幅画像就是这部纪录片的封面,一个少女,因为画面的定格而成了传奇,像要从画像中走下来。老妇人静静地说,很小的时候,她就觉得博物馆里画像上的人都是活的,只是白天沉睡了,到了晚上,可以纷纷从画像中走下来……我记住了她看画像时宁静的神态,有时,幸福只是与一张画作的沉默交流。是一种发自内心的欣赏。这个世上的好,并没有标准,是各取所需,不是只有一个蒙娜丽莎。也许，他们个体，发自内心的审美才是我们该学习的东西。

友人说，她住的公寓楼下就是漂亮的咖啡馆，一清早就开门，香气四溢，坐下来点一杯咖啡，最便宜的美式咖啡也就2.5欧元，折合人民币十来元。下楼小坐，吹吹风，喝杯晨间咖啡，看看报纸看看书，只是休闲日常，跟什么浪漫也不沾边。巴黎的消费根本没有外界传言的那么贵，只要你不吃什么大餐，自己去超市里买点儿意大利面、红酒、牛排什么的，自己动手很容易吃到可口的美食，她说，学会了下一手Q弹的意大利面，简单美味便宜。她在法国待了一个月，花费并不多。

我想起了《巴赫十二平均律》，很宁静，没有起伏，但耐听高贵不腻味，不刻意，这有点儿像法国人的生活状态吧。这也许才是我们最该学习的内在状态。

基本的生活不贵，欲望很贵。这条法则放到哪里，都应该是成立的。

# 偃师传说
## YANSHI CHUANSHUO

古典奇幻佳作，为了熟悉的心跳声，完美傀儡人如何为爱进化。

- 万星陨落
- 为爱心跳
- 蒹葭相遇
- 情定三生

矢志不渝的爱情与江山权谋的完美融合，看暖心男主如何花式宠溺偃师少女。阿里文学新锐作家狸猫爱吃鱼倾力打造，带你感受不一样的武侠世界、热血江湖！

十一月，暖暖上市，不容错过哟！

**定价：32.80元**

---

# 吃吃的爱
## CHICHIDEAI

世间最幸福的时光，
不过是一屋两人三餐四季，
在氤氲的热气中、
在缱绻的时光里……
和你一起，吃吃的爱。

**倾情巨献，等你准时开"吃"**

# 意林精品图书推荐

《那个神秘的宣愉小姐》
简介：心理分析小说，一次亲情伤痛造成的人格分裂，一场守护爱情的计划……
定价：32.80元

《对方正在输入中》
简介：你是否能从他涨红的脸颊看到他比阿尔卑斯山还强大的内心，让他的病只为你发作。
定价：29.80元

《你是年少的欢喜，喜欢的少年是你》
简介：古风作家吞豆打造都市清风之作，告诉你，如何学着去爱一个人。
定价：29.80元

《余生请对我好一点》
简介：时光回望，今日的纠葛，竟好似还了往日的债。
定价：32.80元

《比心》
简介：暗恋被冷酷拒绝，离开却突然收到女孩的短信，只有一行字，却让他笑了……
定价：32.80元

《从此晚安我自己》
简介：95后作家何家豪青春成人礼童话，将16个故事，说给长成大人的你！
定价：29.80元

《我不愿让你一个人走过青春的荒芜》
简介：写给你深情的告白书，15篇故事，有作者的亲身经历，也有勾勒的世间温暖。
定价：29.80元

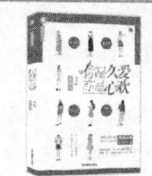

《你是久爱，亦是心欢》
简介：青春与梦想，爱和守护的故事，孤冷少女与嚣道婀少相爱相杀深情开演。
定价：32.80元

《胭脂将》
简介：魔幻江湖的纷乱，胭脂女将的传奇！
定价：32.80元

《一两江湖之望星记》
简介：古风作家一两打造全新江湖，一醉江湖三十春，尽在《望星记》！
定价：29.80元

《一两江湖之琵琶误》
简介：家仇国恨，爱上不该爱的敌国先锋，如何面对这生死纠缠的爱情？
定价：29.80元

《月光蒲苇①·夜阑时》
简介：阴谋、友情、爱情，上古四神的恩怨，今生能否化解？
定价：32.80元

《世界的另一个你》
简介：18岁少女的奇幻冒险，唯美魔幻的童话世界，寻找世界的另一个你！
定价：32.80元

《绯色黎明》
简介：人类并不孤单，在黑暗种族的环伺下，被掩盖的真相等着你去探寻。
定价：32.80元

《这一杯，我敬的是年少无知》
简介：悬疑作家何慕精心打造的都市心理悬疑成长小说集。
定价：32.80元

《我的人生无须证明给你看》
简介：是选择梦想，还是安于现状？马叛用这些故事告诉你答案。
定价：32.90元

多味之恋
简介：七彩青春，多味之恋，寻找身边错过的小美好。
定价：29.80元/册

十八而志
简介：十八岁之前的远大志向，决定了十八岁之后的梦想人生。
定价：29.80元/册

深夜暖心
简介：青春絮语，灯下最好的陪伴，马瑶、张芸欣、冷亦蓝深夜暖心之作。
定价：29.80元/册

初心讲义
简介：初心故事讲给你听，拥有一个又一个的小温暖。
定价：29.80元/册

# 意林精品图书推荐

《我不成仙 一 断尘绝念》
简介：不想成仙却毅然修仙，她见愁只想有朝一日对那人说："纵你成仙，亦不可逃！"
定价：28.80元

《我不成仙 二 杀红小界》
简介：血衣作战袍，刻骨为利刃。她的通天坦途，便是他的穷途末路！
定价：28.80元

《我不成仙 三 流星赶月》
简介：敏锐与直觉，无一欠缺，填充与果决，兼而有之。力敌群雄者，舍她其谁！
定价：28.80元

《我不成仙 四 尘战空海》
简介：为成大道，葬痴情，斩尘缘者有之，可若寻仙问道是这般模样，她宁愿永不成仙！
定价：28.80元

《我不成仙 五 舍我其谁》
简介：见愁者，无限潜力，无限战力！斩断过去，分割今昔。她的世界，只有未来！
定价：28.80元

《禁域①墓地神婴》
简介：皇者重现世间，只为触底反击，再创传奇！踏破乾坤极限时空，禁域绝密即将揭晓！
定价：28.80元

《禁域②宗门斗者》
简介：扶桑谷内迷雾重重，时间长河、神秘女子……时空彼端，究竟有着怎样的秘密？
定价：28.80元

《禁域③王者遗风》
简介：阴魄界，一个神奇的虚拟世界，浮生为赤钻来到这里，却发现了更惊人的秘密！
定价：28.80元

《符神传说①斩焰少年行》
简介：接通元灵符界，交易、对战、派单……现实与虚拟之间，体味什么叫酣畅淋漓！
定价：28.80元

《符神传说②东川起风云》
简介：逆转鬼煞岭、人鱼荒探迷域，跨越空间界限，开启奇幻热血征程！
定价：28.80元

《符神传说③刀芒惊天下》
简介：巧进黑狱筑识海，烈焱龙雀惊天下，勇探天符浩土，领略异闻传奇！
定价：28.80元

《符神传说④地下悬赏令》
简介：识妖族斗南洲，符驱四方见奇谋。游历异界空间，探紫奥妙人生！
定价：28.80元

《雪鹰领主1》
简介：我吃西红柿全新力作！少年骑士惊世崛起，铸就为人类荣誉而战的英雄传说！
定价：29.80元

《雪鹰领主2》
简介：圣级超凡，初露峥嵘，打造热血沸腾的传奇武侠世界！
定价：29.80元

《决战星座学院1》
简介：为00后读者量身定制的校园星座魔法书，超反转、超疯狂的校园大作战，开始！
定价：29.80元

《浮玉仙魔》（全一册）
简介：跨越六界的情仇离合，仙家养成、爆笑开演！看一代魔尊，如何搅翻浮玉仙山！
定价：29.80元

《倾世萌狐》（全三册）
简介：任他天道严酷，你始终是我无法断的"情"，难以绝的"爱"。
定价：29.80元

《我的画风不太对》（全二册）
简介：一不小心成了外星玩家的目标对象！千回百转的拼图游戏，谁是最终赢家？
定价：29.80元

《灵犀》（全二册）
简介：取《山海经》之精髓，谱一曲荡气回肠、龙狐相随的深情恋歌！
定价：29.80元

《仙萌奇缘》（全二册）
简介：迷糊弟子"约架"冷傲少主，无厘头话本奇袭玄天剑宗，非正统仙侠大戏反转上演！
定价：29.80元